JN305728

生死《しょうじ》の仏教学

「人間の尊厳」とその応用

木村文輝

法藏館

生死《しょうじ》の仏教学 ―「人間の尊厳」とその応用―＊目次

生死《しょうじ》の仏教学

――「人間の尊厳」とその応用――

序論　生死《しょうじ》を見つめる視点

(一) 生と死に対する関心の高まりの中で

医療技術の開発や、生命体を対象とする研究が、今日加速度的に進展している。それにともなって、人間の生と死に関する伝統的な価値観に変更を迫る事態が次々と出現しつつある。その中でも、一九八〇年代以降最も大きな反響を呼んだのが、脳死と臓器移植の問題であった。これは、近年の医学研究が生み出した数多くの問題の中の一つにすぎない。しかし、そこでは生と死に関する倫理的な問題が最もストレートな形であぶり出された。すなわち、脳死の問題は三徴候死（心臓死）をもって人の死とみなす従来からの規範を揺るがし、臓器移植の問題は、他者の生命や健康を犠牲にしてまでも、自らの生命を保つことが容認されることがあり得るという考え方をもたらした。当然、こうした価値観の変更は、単に医学界のみならず、法学界や思想界をも巻き込む激しい議論を呼び起こし、欧米の議論にならった生命倫理学が我が国でも急速に発展する契機になった。

このような動きを受けて、宗教界、とりわけ仏教界からも、この問題に対しては多くの見解が示された。その結果、様々な仏教経典に説かれている生命論や、代表的な祖師達の生死観に注目が集まり、改めて仏教の生命観が問い直されることになった。また、現代における生と死の問題に対して、仏教がいかなる提言をなし得るかということも、あわせて明らかになった。

しかし、そこでの議論はかなり錯綜したものであった。そもそも仏教の視点といっても、その中には釈尊の教えから、インドで育まれた仏教思想、中国化された仏教思想、さらには日本の各宗派の思想等、多彩な立場が存在する。また、脳死や臓器移植をはじめとする極めて現代的な問題に対して、数百年、もしくは二〇〇〇年以上も前に生み出された思想が、直接的な回答を用意しているはずがないからである。

その一方で、この問題は回答を寄せた個々の仏教者の仏教観と社会観、言い換えれば、現代社会の中で、仏教、あるいは仏教者がいかなる役割を果たし得るのかという問題や、仏教者がいかなる形で社会と関わるべきかという問題に対する彼ら自身の考え方を、はしなくも明らかにすることになった。中には、仏教の教義の純粋性を追究するあまり、現実から乖離した理想論に走ったり、社会とのつながりを見失った主張に傾く人々もいたように見受けられる。

けれども、仏教が単なる過去の遺産ではなく、現在に生きる思想であれば、今まさに起こっている生と死の様々な問題に、現実的な回答を準備できなければならない。そのためにはまず始めに、現代の人々が抱いている生と死の意味を明らかにする必要がある。その上で、個別の問題に対する回答を、宗派的な枠組みから離れ、仏教一般、あるいは日本に根付いている大乗仏教全体の中から探し求めるべきであろう。

(二) 本書の内容とその目的

本書では、まず第一章と第二章において、人間の生と死の意味を二つの点から考察する。これは、生と死に関わる様々な個別問題を論ずる際の立脚点を確立する作業でもある。

第一章では、現代の日本に住む我々が、人間の誕生と死をどのように捉えているのかを仏教的立場から検討する。誕生と死は、あらゆる人間の生涯で最も基本となる事柄であり、生と死をめぐる諸問題は、つまるところ、いずれもこの二つの出来事に関わっている。しかも、我々は誕生と死の問題を、一般には医学的な観点からしか見ていない。けれども、人間が生まれ、死ぬということは、それを取り巻く人々の生活や感情と結び付いており、それ故に社会的、民俗的、あるいは哲学的、宗教的にも重要な意味をもっている。そうだとすれば、人間の誕生と死に関わる文化を総合的に見直す作業は、現代の日本に暮らす人々の、生と死に対する基本的な認識を明らかにするものとなるであろう。

第二章では、人間の尊厳とは何かを考察する。この概念は、近年の生命倫理の議論でしばしば用いられている。ところが、我が国ではその統一的な定義は未だ定まっていない。また、その定義をめぐる議論の大半は、キリスト教に淵源をもつ西洋倫理学に依拠したものであり、必ずしも仏教的な伝統にもとづく我が国の事情に適合し得るものではない。しかも、倫理学の分野における人間の尊厳の論考は、論理的な精緻さを期する余り、一般の人々の生活実感からは掛け離れたものとなる傾向にある。そこで、本書では仏教的な立場に拠りながら、しかも、一般の人々にも納得し得る「人間の尊厳」の意味を探りたい。

その上で、第三章以下では人間の生と死に関わる個別の問題に対して、仏教の立場からどのような回答を提示できるのかを考える。第三章では臓器移植問題に対して、仏教者はいかなる態度を表明すべきかを考察する。また、第四章では「人間の尊厳」の視点から、三つの問題を考察する。具体的には、脳死を一律に人間の死とみなすことの是非やクローン人間産生の是非という、先端医学が生み出した二つの問題と、「人殺し」が否定されるべき理由という古典的な問題を取り上げる。

この第三章以下で論ずる諸問題は、いずれも過去十年程の間に国民的な議論を巻き起こしたものである。だが、その一方で、これらの問題に対する社会の関心は既に薄らいでおり、現在それらを論ずることは時代遅れの感も拭えない。それにも関わらず、あえてこれらの問題を取り上げるのは、そのいずれの問題も、現在の生命倫理学における中心的な議題となっている諸問題と比べた場合、一般の人々にとってもはるかに身近に感じられるテーマであり、それ故に、人間の生と死の意味や人間の尊厳について、改めて問い直すための格好の糸口になり得ると考えるからである。

(三) 本書の論考の七つの原則

では、上記の考察を行うにあたって、我々はどのような点に留意すべきだろうか。実のところ、人間の生と死の問題をめぐって、これまで仏教者が繰り広げてきた議論には様々な問題点が含まれていた。それらの反省を踏まえながら、ここでは本書における論考の方針を七つの原則にまとめて提示しておきたい。

まず始めに、論考の内容に関して二つの点を確認する。

第一に指摘すべき点は、従来の仏教者の論文の多くが、生命倫理に関わる諸問題の紹介に終始し、それに対する仏教的視点からの論究を付随的にしか行わなかったことである。一九八九年（平成元年）に森岡正博氏は、脳死を扱った当時の論文の大半が、脳の断面図を掲げてその医学的解説に重点を置き、脳死状態の「人」に関心を向けていないことへの疑問を表明した(1)。それと同じ状況が、仏教者の論文では今に至るまで繰り返されているのである。しかし、素人が医学や法律の専門書を参照しつつ、当該問題の解説をいかに詳しく行おうとも、それは自己満足の域を出ないし、まして仏教者として何らの意見表明をしたことにはならない。考察を進める上で必要最小限の説明は不可欠だとしても、仏教者にはあくまで仏教的視点からの見解が求められているという基本を忘れてはならない。

第二の点は、それでは仏教者は何を語るべきかという問題である。従来の多くの論文では、例えば臓器移植の実施は是か非かというように、個々の問題の是非論が中心をなしていた。確かに、一般の生命倫理学においては、最新の医学が提起する個別問題の是非の判定が主目的とされている。仏教者にとっても、新しい問題が提起された時、それが仏教的観点から許されるか否かを論ずることには意味があるだろう。また、仏教上のいかなる観点からも肯定し得ない（と現在の私には思われる）クローン人間の産生等に、反対を表明し続けることは重要である（詳しくは第四章第三節を参照）。けれども、脳死を人の死と認めることや臓器移植の是非のように、今日では賛否双方の論拠が仏教思想の中に見出されている問題に対して、是非論のみを繰り返しても議論がかみ合うことはない。むしろ、そこでは是非の一方に偏った結論を排することが必要であろう（詳しくは第三章、及び第四章第二節を参照）。

しかも、是非論に限定した議論では、例えば臓器移植を願う人々が、その提供者となるべき他者の死を期待してしまうことから生じる苦しみを顧みることができない。また、是非論に偏って個別問題のガイドラインや法律の制定を目指してきた従来の生命倫理学は、一度それらを是認する結論が導かれると、結果的に生命を操作することへの倫理的なためらいや迷いを人々の心から消し去る免罪符として機能してしまう(2)。

けれども、仏教は人生の苦しみが欲望の追求から生まれることを説く教えである。それ故、生命に対する過度の人為的な介入は、生存に対する人間の飽くなき欲望にもとづいており、新たな苦しみをもたらす危険があることを、仏教者は常に警告し続ける役割を担っているはずだ。同時に、仏教は人々の苦しみを取り除くことに最大の目標を置いている。そうだとすれば、臓器移植のような先端医療を受けることで、新たな精神的苦しみを背負わざるを得ない患者達に寄り添い、その葛藤を取り除く視点を提供することも仏教者に課せられた使命である(3)。この二つの点にこそ、仏教者による生死の学の目標が存在する。個別問題の是非の判定は、一般の生命倫理学では議論の終着点とされている。しかし仏教者にとって、それは議論の出発点にすぎないのである(4)。

次に、論考の具体的な方法論に関して五つの点を指摘したい。

第一は、生と死の諸問題を論ずる際に、古い経典や論書の中にその直接的な回答を求めようとする例が多々見られる点である。確かに、釈尊の時代にも存在した自殺や他殺の問題を論ずる際に、その是非の回答を仏典に求めることは有効だろう。けれども、今日の先端医学が提起した問題の是非を、数百年以上も前に編纂された仏典にもとづいて論ずることに、どれほどの意味があるだろうか。あるいは、仏典に記されている事柄を、今日の医学が解明した事象に対応させようと試みる仏教者もいる。しかし、現代医学の最先端の知見と仏典が伝えるそれとを対応させることは所詮不可能なことであり、あえてそれを行えば、単なるこじつけだという批判を免れることはできない。

また、同様の理由により、例えば「唯識教学においては」等の前提による議論や、難解な仏教の教義にもとづく意見陳述も、生と死をめぐる一般的な議論の場にはなじまない。そもそも仏教学の専門家ではない医学研究者や患者をも対象とする議論の中で、そうした意見表明を行うこと自体が問題の意味を見失ったものだと言わざるを得ない。この問題をめぐって意見表明を行う仏教者は、仏教「学」のプロとしての立場には禁欲的でなければならないだろう。

さらに、「我が宗門では」とか、「我が宗祖の教えに従えば」というような、一宗一派の教義に固執した議論も避けるべきである。奈倉道隆氏が述べているように、「仏教は宗教の一つとみなされているが、神の啓示による教条的な宗教とは異なり、宇宙の普遍的真理である仏法に目覚めていく教えであるといってよいだろう。したがって仏法に基づく生命問題への判断あるいは意志決定は、仏教徒以外の人々にも多くの示唆を与えるものと思われる」(5)。そうした仏教の普遍性を守るためにも、仏典に記録された過去の医学的知見や宗派的教条主義に頼るのではなく、仏教の基本精神に立ち返り、自ら回答を模索する必要があるのではないだろうか。

第二は、仏教の中で自明とされている言葉、とりわけ「仏」という語の使用である。仏教者の生命倫理論の中で、「仏のいのち」という語が頻出し、生命は「仏から与えられたもの」「仏に支えられたもの」等の表現もしばしば用いられている。ところが、多くの場合、「仏」とは何かについての具体的な説明がなされていない。そのため、読者は論者の意図を正確に把握し得ないばかりか、論者自身も「仏」の厳密な考察を怠った結果、当該問題に対して抽象的な議論に止まらざるを得なくなる。そこで、このような欠陥を避けるためには、常に「仏」とは何かを明確にするとともに、時にはあえて「仏」という語を避け、他の言葉に置き換える努力も必要であろう。もっとも、論者の中には「仏」を「大いなる生命」とか「自然の摂理」と言い換えている例もある。だが、その場合にも、なぜ「仏」をそのように言い換えることができるのか、また、その代替語がいかなる意味を表しているのかを説明する必要がある。いずれにせよ、この問題は仏教とは何かという本質論に関わっており、同時にそれは、生と死の問題を考える際に、仏教者の主張が参考に値するか否かを決する一つの分岐点になると思われるのである。

第三は、既に奈良康明氏が指摘した通り、仏教者の見解には建前論、すなわち「きれいごと」が多すぎる点である。[6] 一例を挙げれば、臓器移植を是認する論拠として布施の思想が用いられた際に、それに反対する人々は三輪清浄の理念を声高に主張した。[7] けれども、それは今日の日本仏教界において、日常的に授受されている「布施」には求められない理想形態である。このように、現実から遊離した理念のみを強調する仏教者の姿勢は、病気のために七転八倒する患者の「きれいごと」ではすまない苦しみを、完全に無視したものだと言わざるを得ない。しかも、それは他者の痛みを我が事として共感し、その除去を目指す仏教の基本理念と矛盾するものである。むしろ、人間は他者の犠牲の上にしか生存し得ず、本来的に「きれいごと」では生きられない現実を直視することによってこそ、対機説法により、あらゆる者に救いの手を差し伸べた釈尊の理念に沿うことができるだろう。そうだとすれば、仏教者は「きれいごと」を捨て、自らが理念と現実のはざまで苦悶しつつ、人々の苦しみを取り除くための回答を捜し求める必要があるだろう。

第四は、生命倫理学とそれに関連する議論の全体を覆っている合理主義の呪縛である。確かに、近代的学問としての倫理学は合理主義に立脚しており、文献研究を中心とする従来の仏教学も客観性を重視してきた。けれども、人々の苦しみは論理によっては把握し得ない主観的、感覚的なものである。また、生命への人為的な介入に対して人々が抱く嫌悪感や違和感は、あたかも生物が自らの死に対して抱く恐怖感と同様に、先験的な非合理的感情である。それならば、生と死の問題を論ずる際に、「嫌だから嫌だ」という感覚を単に論理的ではないという理由で排除するべきではないだろう。(8)無論、この問題を論ずる際に合理性は不要だと言うわけでは決してない。だが、仏教が生死の問題を机上の空論としてではなく実存の問題として捉え、人々を生死の苦しみから解放することを希求するものであるならば、仏教者の説く生死の学は、少なくとも人間の主観や感情に、合理性と同等の意義を認めるものでなければならないだろう。

そして、このことは第五の点と関連する。これまでの仏教研究は、文献の解読を通して仏教の教義を明らかにすることを目指す一方で、実際に人々の生活を支え、その中に溶け込んできた仏教信仰を無視してきたと言ってもよい。人々の日常生活の中で連綿として伝えられてきた「仏教信仰」は、それが非合理的なものであったり、あるいは文献上の裏付けがない場合には、単なる俗信とか迷信として扱われ、仏教学の範疇から除外されてきたのである。けれども、人間の生と死の問題は、合理的な理念としてのみ語られるべき事柄ではない。むしろ、それは人々が伝統的に受け継いできた仏教的な死生観にもとづいて論じられるべきものであり、そうでなければ机上の空論となってしまうであろう。そして、それらは人々の日常的な仏教信仰にもとづいて培われてきたものである。それ故、仏教の立場から生と死の問題を論ずるためには、文献研究にもとづく「教義仏教」ばかりではなく、現実に即した「生活仏教」にも十分な配慮を払うことが必要である。のみならず、我々は人間の生と死という現実的な問題に対処するためには、この二つの「仏教」を一つに結び付ける視座に立つことが求められているのである(9)。

(四) 仏教者にとっての生死の学

キリスト者である林忠良氏は、今日の私達は、膨大な知の集積の前に自らの無知を痛感せざるを得ない状況に置かれていると述べている。しかも、私達はその膨大な知の中から、自分達に必要な知を捜し出し、それらを組み合わせ、自ら必要な決断を下すことを求められている。そうした中で、キリスト者が抽象的な心のありようだけを説いてみても、あるいはキリスト教の主義や原理を振りかざしても、現実的な問題解決とはなり得ない。必要なのは、現実的な決断を生み出す知恵の獲得であると論じている(10)。

このことは、無論、仏教者にもあてはまる。「仏」の意味を問わない情緒的な「説教」を繰り返しても、反対に仏教学が明らかにした合理的な教義のみを声高に論じても、現実の問題に対処し得る知恵は生まれてこない。むしろ今日の仏教者は、仏教の基本理念を難解な仏教語に頼ることなく説き明かしつつ、それを「きれいごと」では済まし得ない現実の社会に活かしていく方途を模索することが必要である。その一環として、先端医学が提起した個別問題に対しては、是非論を論じるだけでなく、一方ではその問題が内包する危険性を警告しながら、他方ではその医療技術に頼らざるを得ない患者の苦しみを取り除く視点を提供し続けること。それこそが、仏教者の目指すべき生死の学だと言えるだろう。本書における私の立脚点も、まさにその点に存している。

註

（1）森岡正博『脳死の人―生命学の視点から―』（東京書籍、一九八九）一三～三〇頁。
（2）この点は既に、鷲田清一『教養としての「死」を考える』（洋泉社新書y、二〇〇四）一二三～一二六頁で指摘されている。
（3）ただし、人間の胚や細胞を利用して行う研究の場合、それに伴って苦しみを経験する特定の個人は存在しない。それ故、これらの研究の倫理性を考察する際には、苦しみの除去という視点は効力を持ち得ない。つまり、この視点は生命倫理に関するすべての問題に対して常に有効なわけではないことを、予め念頭に置く必要がある。
（4）二〇〇一年（平成十三年）一〇月に同朋大学で開催された日本生命倫理学会第十三回年次大会の発表会場において、何故に仏教をはじめとする諸宗教の立場から、生命倫理に関する意見陳述を行う必要があるのかという質問が聴衆の一人から発せられた。宗教が人間の心の問題を扱う存在であるとともに、人間の行動ならびに倫理規範を生み出す根源であることを考えれば、このような問題提起自体が宗教に対する無理解にもとづくものである。けれども、この問いかけを契機に、従来自明とされていた事柄を改めて考えることも無駄ではない。本書はこの問いに対する私自身の回答の試みである。

(5) 奈倉道隆「仏教と近代思想の生命倫理」『印度学仏教学研究』四八(二)(二〇〇〇)九四七頁。

(6) 奈良康明「「仏教では」から「私は」へ」『月刊住職』一九九一年五月号(金花舎、一九九一)。

(7) 布施における三輪清浄の理念については第三章第三節(二)を参照。

(8) この点に関しては、小松美彦『自己決定権は幻想である』(洋泉社新書y、二〇〇四)九一頁も同様の立場を表明している。また、最相葉月氏が『いのち―生命科学に言葉はあるか―』(文春新書、二〇〇五)の中で対談を行っている鷲田清一、柳澤桂子、島薗進の各氏も、生と死の議論の中ではこうした非合理的な感情が尊重されねばならないことを語っている。

(9) 臓器移植という現実の問題に対処するためには、教義仏教と生活仏教を融合させる必要があることを、早い時期から藤井正雄氏が指摘している。一例として、藤井正雄「臓器移植と日本人の遺骸観」『印度学仏教学研究』三九(一)(一九九〇)三一六~三二三頁)を参照。

(10) 林忠良「知的な忍耐―序にかえて―」『生命科学と倫理―21世紀のいのちを考える―』(関西学院大学キリスト教と文化研究センター編、関西学院大学出版会、二〇〇一)。

第一章　生の中の死・死の中の生——生死一如の立場から——

第一節　誕生と死を考える仏教の立場

人間はいつ生まれ、いつ死ぬのか。一見単純そうに見えるこの問題が、先端医学の急速な進展にともなって、この上ない難問になってしまった。受精卵を用いた実験は、一人の人間に成長する可能性のある受精卵に「人間」としての尊厳を認める必要がないのかという問題を提起した。一方、脳死が新しい死の基準として採用された結果、脳死と判定された人間は、たとえ心臓が動いていても死者として扱われてもよいのかという疑問を生じさせた。その結果、人間は出産の瞬間に生まれ、心臓の停止とともに死亡するという従来の規範はもろくも崩れ去ったのである。それどころか、医学、生物学の分野では、人間の誕生と死に関して、誰もが納得できる明確な基準を失った。いわば、人類は誕生と死の定義をめぐって、未だ経験したことのない迷宮に踏み込んでしまったのである。

そうした状況を受けて、この問題に関しては、医学、生物学のみならず、他の様々な分野からも相次いで見解が表明されるようになった。例えば、誕生と死の定義は財産権の帰属や殺人罪の成立の是非等と直結するために、法律学の分野でも重要な議論の対象となった。[1]また、それは生命の尊厳や死生観、生きがいと死にがい、そしてつまるところ、人間とは何かという問題と結び付いているために、哲学や倫理学、社会学、民俗学、人類学等の分野からも、積極的な意見の具申が行われるようになった。現在では、人文諸科学でさえも誕生と死の問題に沈黙を守ることが許されなくなったのである。

もちろん、そのような事情は宗教界でも例外ではなかった。とりわけ仏教界では、一九八八年（昭和六三年）に日本印度学仏教学会が臓器移植問題検討委員会を設置し、臓器移植の是非とともに、脳死を人の死とみなすことの是非の検討を行った。そのことが、誕生と死の問題は斯界にとっても重要な検討課題であることを関係者に知らしめる結果をもたらした。[2]それ以来、この問題をめぐっては仏教界からも数多くの発言が続けられている。

ただし、仏教関係者の発言の多くは、仏教経典や論書、祖師の語録等を分析し、その中に示されている誕生と死の定義を明らかにしようとするものであった。もちろん、このような研究も、仏教や各宗派の基本的教義を確認する意味では重要である。[3]しかし、それだけで事足りるわけでは決してない。と言うのも、既に序論でも触れたように、数百年、もしくは二〇〇〇年以上前に著された経典や論書等の内容は、当時の科学知識を参考にしたものであり、その中に記されている定義は「過去の仏教」のものである。今日の最先端の科学が生み出した問題を前にして、そのような過去の遺産のみにもとづく提言を行ったところで、現実的な意義を認められないからである。また、経典等に記されている内容を現代科学が解明した事象に対応させることで、「過去の仏教」が示している誕生と死の定義を現代に甦らせようとする試みもある。けれども、その両者の対応関係が承認されない場合には、このような試みは単なるこじつけにすぎず、説得力のないものになるであろう。いずれにせよ、仏教の教義面に過大な比重をおくいわゆる「教義仏教」の研究は、現代的な問題に対して必ずしも有効とは言えないのである。

これに対して、仏教的観点からなし得るもう一つの方法は、民衆の日常生活に溶け込んでいる仏教信仰、いわゆる「生活仏教」に着目することである。人々は、人間の誕生と死を確認し、それを受け入れる様々な作法を伝統的に培ってきた。その中には、彼らが古来受け継いできた死生観が反映されている。それ故、こうした誕生と死の作法を分析することで、人々の心情に今も生き続けている誕生と死の思想を浮かび上がらせることができるであろう。もちろん、その中には仏教的要素ばかりではなく、神道や陰陽道の影響を受けた民間信仰の要素も複雑に絡み合っている。また、この分野の研究は、従来の仏教学では十分に行われておらず、むしろ民俗学に一日の長がある。けれども、そうした生活仏教が示唆する誕生と死の思想は、現実生活から乖離した教義仏教のそれよりも、はるかに人々の生活実感に根差しており、彼らの共感を得ることができるであろう。

もっとも、このようにして明らかにされた誕生と死の思想も、やはりそれだけでは先端医療の現場で生じている混乱には対処しきれない。と言うのも、こうした伝統的な死生観の根幹も、所詮は数十年、もしくは数百年前の科学知識にもとづくものでしかないからである。そこで、我々は第三の方法として、教義仏教の基本的な見解と、生活仏教の分析から得られる死生観とを総合し、さらに他の諸分野の知見や、現代における最先端の科学的成果をも取り入れることで、「現在の仏教」における誕生と死の意味を改めて考察する必要がある。仏教に限らず、およそあらゆる宗教は、古来様々な分野の人知を結集することで、人間の生と死の意味を探求し続けてきた。その意味で、宗教はいわば知の総合体としての役割を演じてきたのである。近代以降、宗教はこの役割を放棄してしまった観がある。けれども、学問の更なる細分化が進み、人間にとって最も根本的な誕生と死の定義が揺れ動きつつある今日、改めて諸学を総合し、この問題に対処する必要のあることは論を俟たない。しかも、この問題を考察する際には、宗教が常に問い続けてきた人間の心情を顧慮することは不可欠である。その意味で、知の総合体としての宗教の役割は、現在も失われていないはずである。また、誕生と死の問題はすべての人々にとって主体的事柄である以上、その考察の内容は一般の人々にも理解し得るものでなければならない。それ故に、この問題をめぐっては、極度に専門的な議論は排除されなければならないのである。

だが、その一方で、科学的知見が日進月歩の勢いで更新されていることも事実である。と言うことは、知の総合体としての宗教が行う誕生と死の考察も、必要に応じて改定される必要がある。仏教では、釈尊の時代から対機説法が基本的立場として尊重されてきた。最新の科学的成果を踏まえた新しい誕生と死の定義を求める現代人に対して、その要請に応えた考察を行うことも、対機説法の一つの形だと言えるだろう。また、仏教は随犯随制によって戒律を増やしてきた歴史をもつ。つまり、すべての戒律は初めから完備されていたのではなく、必要に応じて徐々に付け加えられてきたのである。もちろん誕生と死の考察は戒律ではない。けれども、その内容も戒律の場合と同様に、科学の新しい成果にもとづいて、随時書き加えていくことが必要であろう。「生を明らめ死を明らむるは仏家一大事の因縁」[4]であるにも関わらず、その仏教が行う誕生と死の考察が、単に時代遅れのものとして人々から顧みられないのであれば、最早仏教に存在意義はあり得ない。

では、現今の段階で、仏教の立場から誕生と死をどのように説明し得るであろうか。次節では、それを議論するための基本的な視点を考えることにしたい。その後に、誕生とは何か、死とは何かということを、具体的に検討することにしよう。そして最後に、その死生観が今日の社会に与える影響について、若干の考察を行うことにしたい。

第二節　基本的な三つの視点

㈠ プロセスとしての誕生と死

誕生と死をめぐる近年の様々な論議を通して、この問題を考える際に考慮すべき幾つかの視点が明らかになってきた。その中でも、次に挙げる三つの視点は特に重要なものである。

まず第一は、誕生と死を時間軸上のある瞬間の出来事としてではなく、時間的なプロセスとして把握しなければならない点である。

通常我々は、胎児が母体から離れ、産声をあげた瞬間に一人の人間が誕生したと考える。けれども厳密に言えば、胎児が母体を離れる瞬間と産声をあげる瞬間はまったく同じではない。それならば、どちらの瞬間にこの人間は誕生したことになるのであろうか。また、多くの人々は母体から離れる以前の胎児を、必ずしも人間とは異なるものだとは考えていない。このことは、妊娠期間中に母体から取り出された胎児でさえも、人工保育器の中で人間として成長し得ることを想起すれば当然である。そうだとすれば、人間は既に母体内でも存在していることになるだろう。

では、人間と呼ばれるべき存在は、いつから始まるのであろうか。実は、この辺りから人々の認識は曖昧になる。と言うのも、受精卵が一人の人間の遺伝情報を完備しているとは言え、それを人間であると断言することには違和感を覚えるからである。しかも、受精卵の存在は通常認識されることがない。それ故、たとえ受精卵が母体内に存在したとしても、主観的なレベルでは、それは存在しないに等しい。さりとて、そうした状況における受精卵の存在を無視することはできないし、受精卵を生命の伴わない単なる物質とみなすこともできないのである。

このように考えると、人間という存在がいつ始まるのかを断定することは難しいと言わざるを得ない。さらに、人間の生命の始まりと人間の始まりとを単純に同一視してもよいのかという問題も生じてくる。このことは、母体から離れたばかりの新生児を一人前の人間とみなしてもよいのかという問題にもつながっていく。つまり、ここでは生物学の範疇を越えて、社会的、文化的な議論へ突き進むことになるのである。その場合、「一人前の人間」という概念をどのように規定するのかによって、人間の始まりの時も異なってくる。考え方によっては、成人の時まで「一人前の人間」の誕生が引き伸ばされることもあり得るだろう。

結局のところ、人間がいつ誕生するのかということは、「人間」という概念をどのように理解するのかにかかっている。しかも、その概念は医学、生物学的観点のみならず、社会的、文化的、さらにはそれ以外の様々な観点からも規定され得るものである。この点については、二つ目の基本的視点として後程改めて論ずることにしたい。ともあれ、ここでは人間の誕生が、時間軸上のある瞬間の出来事だとみなすことが完全に不可能であることを確認しておきたい。

そして、これと同じことは、人間の死の場面でも発生する。仮に医学、生物学的な観点に限定したとしても、今日では死を判定する際に、心臓停止と呼吸停止と瞳孔散大からなるいわゆる三徴候死の他に、脳死という新しい基準が加えられた。しかも、この二つの基準を満たす状態が訪れたとしても、身体の中には今だ活動を続けている細胞が数多く残されている。つまり、医学、生物学的な人間の死も、決して瞬間的な出来事ではなく、やはり時間的プロセスの中で進行していく事柄なのである。

のみならず、脳死であれ、あるいは三徴候死であれ、それを死の判定基準として認めることは、あくまで社会的、文化的な一つの約束事である。しかも、人間の死を文化的、社会的出来事として捉えた場合、その死には医学、生物学的な意味とは異なる様々な意味が付随する。その結果、人間の死のプロセスを、単に医学、生物学的観点のみで捉えるだけでは不十分な事態も生じてくる。

このように考えていけば、従来誕生と死の瞬間とみなされていた事柄は、実はそのプロセスの中の象徴的な出来事が現出した瞬間にすぎないことに思い至るであろう。医学が今日のように発達していなかった前近代の人間達は、生命の誕生や死は長い時間をかけて完成するものであり、ゆっくりと見守るべきものだと考えていた。そのプロセスの存在に、現代の我々がようやく気づき、今一度その確認作業を行う必要に迫られているのである。

(二) 観点の違いにもとづく誕生と死

基本的視点の二つ目は、誕生と死のプロセスが単に医学や生物学的な観点のみで起こるのではなく、宗教や伝統的慣習、法律等を含めた文化的、社会的な観点においても、あるいは主観的、情緒的な観点においても起こり得ることである。しかも、そうした様々な意味における誕生と死のプロセスは、相互に必ずしも一致するわけではない。医学、生物学的には既に誕生している人間が、他の意味では未だ誕生していないとみなされる場合もあり得るし、その反対のケースも起こり得る。同様に、医学、生物学的には既に死亡した人間が、他の意味では今だ健在だということもあり得るし、その反対のケースを想定することも可能である。

例えば、母体内の胎児が何らかの理由で殺害された場合、法律上、殺害された存在はあくまで「胎児」であって「一人前の人間」ではない。ところが、その同じ胎児が財産の相続権を認められている。つまり、ここでは胎児が「一人前の人間」として承認されているのである。また、出産後の子供は、医学、生物学上は一人の「人間」でありながら、かつての日本では「七歳までは神のうち」と称されて、「半神半人」のような存在とされてきた。さらに、今日の日本でも二〇歳未満の人間は未成年として、参政権をはじめとする一部の基本的人権を制限されている。つまり、彼らは未だ「一人前の人間」として誕生しおわったとはみなされていないのである。このように、人間の誕生には観点の違いによって様々な様相が生ずるのである。

一方、人間の死の場面においても、観点の違いが多様な「死」の解釈を生むことになる。例えば会社を退職した人は、たとえ生物学的には生命を保っているとしても、既に社会的な一つの生命を終えた人だとみなされる。また、社会的、政治的な失脚は、文字通りそれぞれの意味における死の宣告に他ならない。さらに、継続的な植物状態に陥っている人は、視点によっては死んでいるのと同等だと言うことも可能である。

これに対して、徳川家康は生物学的な死後も、自らの開いた幕府の象徴として政治的、社会的に二〇〇〇年以上生き続けた。イエス・キリストは、その教えが今日に至るまで全世界の人々に影響を及ぼし続けているという意味で、宗教的、文化的に二〇〇〇年にわたる生命を保っている。一般の人々の場合にも、生物学的な死とともにあらゆる意味で死が完結するわけではない。遺族の悲嘆が完全に癒されるまで、あるいは、その人の記憶が遺族の心から完全に消え去るまで、その人の死は完了したことにはならないのである。

我々は誕生と死の問題を語る際に、しばしば誕生と死という事柄が、それ自体で存在するかの如き錯覚を抱きがちである。ところが、極めて単純な事実ではあるが、誕生であれ、あるいは死であれ、それは誕生する人間、もしくは死亡する人間の存在なくしてはあり得ない。つまり、誕生と死の問題は、その主体となるべき人間の問題だと言い換えることが可能である。そして、この人間という存在は、常に社会の関係性の中で生きる存在であり、その関係性にもとづく様々な意味を負っている。医学、生物学的な観点における誕生と死の把握は、人間がもっているこの複合的な関係性をすべて削ぎ落とすことで成り立っているのである。

この点を見過ごしたまま、単に医学、生物学的な観点のみから人間の誕生と死の問題を論じたところで、この問題を十全に考察したことにはならない。また、しばしば「死の自己決定権」の提言等において登場する「私の生命は私個人のものだ」という主張も、生命のもつこのような複合性を見失ったものである。仏教が知の総合体であるということは、誕生と死を考察する際に、このような複眼的視点をもつことの重要性を広く知らしめる義務を負っているということなのである。

(三) 人称の違いにもとづく誕生と死

基本的な視点の三つ目は、人間の誕生と死の問題は、それを語る人の立場、いわゆる「人称」の違いによってまったく異なったものになる点である。この中には、自分自身の誕生と死を語る「一人称」の立場と、家族をはじめとする親しい人の誕生と死を語る「二人称」の立場、それに、人間の誕生と死を一般論として語る「三人称」の立場という三つの観点が存在する。(5) しかも、この三つの人称には、それぞれ際立った特徴が付随することに注意しなければならない。

まず一人称の立場について考えてみよう。医学、生物学的観点からすれば、自分自身の誕生は常に過去の出来事であり、それを未来形や現在形で語ることはできない。のみならず、自らの誕生を記憶しており、その過程を自覚的に語り得る者は存在しない。また、社会的な「一人前の人間」の誕生を、未だ「一人前の人間」と認められていない者自身が語る場合を除けば、自己の誕生は既に完結した事柄であり、それを一人称の立場から論ずることに実質的な意義を見出すことは難しい。と言うことは、誕生の問題を論ずる際に、一人称の立場を考慮に入れる必要は通常認められないのである。

これに対して、医学、生物学的な死の瞬間、もしくはその後のことを、一人称の立場において過去形や現在形で語ることは不可能である。言うまでもなく、自分自身の死は常に未来の出来事だからである。しかも、仮に一人称の立場で死を語るとしても、その内容は、自らがこれまでに経験してきた二人称、もしくは三人称の立場からの死の理解と、その者が属している文化、もしくは社会における死の意味づけにもとづいて行われる、自らの死の類推にしかなり得ない。

とは言え、人間の死の問題は、あらゆる人がいずれ自ら経験しなければならない主体的事柄である。しかも、それは生きている人間が誰一人として経験したことのない事柄であるだけに、それに対する不安と恐怖を人々に抱かせるものでもある。この不安と恐怖を軽減するために、古来人々は死の考察を繰り返し、その処方箋として様々な宗教を生み出してきた。それ故、一人称の立場から死を論じることの重要性を否定することはできない。それどころか、宗教的観点から人間の死を考える場合には、常に「私が私の死に対して抱く不安をどうやって乗り越えるのか」という視点が求められる。つまり、死の定義の複合的な考察のためには、主として主観的、情緒的視点のみで成り立っている一人称の立場も尊重される必要があるのである。

この一人称の立場の対極に位置するのが三人称の立場である。と言うのも、この立場は不特定多数の人間の誕生と死を論ずる立場であり、主観的、情緒的要素は一切入り込むことがないからである。しかも、三人称の立場から見れば、A氏の子供の誕生とB氏の子供の誕生とを区別する必要はないし、C氏の死とD氏の死とを区別する必要もない。この立場は匿名性を特徴とするものであり、あらゆる人々の誕生と死をまったく同列に扱うことが求められる。さらに、このような匿名性の故に、既に死亡したX氏と現在死につつあるY氏、それに将来死ぬであろうZ氏とを区別する必要がないし、誕生についても同じことがあてはまる。それ故、三人称の立場では、誕生と死のいずれの問題に関しても、過去形、現在形、未来形のすべての時制を同時に語ることが可能である。言い換えれば、三人称の立場は共時性、もしくは無時間性をもう一つの特徴として持つことになるのである。

医学、生物学的な観点は、まさにこのような三人称の立場にもとづくものであり、法律論の観点も同様である。誕生と死の問題を考察する際に、これらの分野からの観点を無視することはできない。それ故、三人称の立場にもとづく考察も、誕生と死の問題を考えるためには不可欠のものなのである。

さて、一人称と三人称の中間に位置するのが二人称の立場である。これは、自分自身にとって親しい人間、他の誰かでは置換不可能な特定の人間の誕生と死を論ずる立場である。そして、この置換不可能性の故に、二人称の立場からある人間の誕生と死を語る人にとっては、その対象となる人間の誕生と死が喜びや悲しみの原因となる。つまり、二人称の立場における誕生と死の認識は主観的、情緒的なものである。二人称におけるこの点は、一人称のそれと類似する要素であるとともに、三人称の立場とは正反対の要素である。

その一方で、二人称は他者の誕生と死を観察する立場であるため、一人称の場合とは異なり、過去形、現在形、未来形のいずれの時制で誕生と死を語ることも可能である。この点は三人称の場合と同様である。だが、二人称から見た誕生と死は決して匿名的なものではなく、ある特定の人の一回限りの誕生と死である。それ故、この立場では誕生と死を三つの時制で同時に語ることはできない。しかも、時制による制約を受けざるを得ないこと、言い換えれば誕生と死を語る際の通時性の故に、二人称の立場から見た誕生と死は、それを見ている人の中で刻々と変化する感情を引き起こすことになる。

このような感情の変化は、二人称の立場においてのみ経験され得るものである。のみならず、人間の誕生を主観的、情緒的な観点から語り得るのは、いかなる時制においても二人称の立場に限られる。同様に、人間の死を主観的、情緒的な観点から語り得るのは、特に現在形と過去形においては二人称の立場のみである。そうだとすれば、二人称の立場に留意することなく人間の誕生と死の問題を論ずることは、人間が常に社会の関係性の中で生きているという事実を無視するに等しい。この点にこそ、誕生と死の問題を考察する際に、二人称の立場をも重視しなければならない理由が存在するのである。

そして、二人称の立場から見た誕生と死を文化的、社会的に制度化したものが、古来民衆によって受け継がれてきた誕生と死をめぐる作法であったと言うことができる。つまり、前近代社会において、一人の人間の誕生と死は、村落共同体に属する大半の人々にとって二人称の観点における出来事であった。そのために、人々はこの誕生と死を受容する様々な作法を育んできたのである。そうだとすれば、このような作法を分析することで、二人称の立場における誕生と死の観点を一般化することが可能ではないだろうか。誕生と死の問題を考察するにあたって、いわゆる「生活仏教」をも含め、民俗学的な視点が要請される所以である。

さて、以上の考察を通して、人間の誕生と死を考える際には、一人称、二人称、三人称のすべての立場を等しく尊重しなければならないという第三の視点が明らかになった。その結果、先に論究した誕生と死を時間的プロセスとして捉える第一の視点と、誕生と死を様々な領域の観点から考察しなければならないという第二の視点をあわせることで、人間の誕生と死を総合的に考察する必要性が改めて確認されるであろう。少なくとも「知の総合体」としての宗教、もしくは仏教の立場で行われるべき考察は、そのようなものでなければならないと私は考える。このような視点にもとづいて、次には「知の総合体」としての立場から、誕生と死のプロセスを複合的かつ時系列的に捉える試みを行うことにしよう。

第三節　誕生のプロセス

㈠　受精の瞬間

人間存在の成立を象徴する数多くの徴候の中で、最初に現れるのが受精である。もちろん、受精の主体となる卵と精子が生み出される段階を、その最初の徴候とみなす見解もあり得るだろう。けれども、その場合、卵や精子を生み出す卵原細胞や精原細胞の存在を想定しなければならない。それらの生殖細胞は、生まれてくる子供の両親が、未だ胎児として母親の胎内にある時から既に形成されている。そうだとすれば、一人の人間存在が始まる時期は、その親の世代がこの世に生まれる以前に設定されることになる。このような考え方は、しかしながら非現実的である。しかも、各々の卵や精子は、一人の人間を形成するのに必要な遺伝情報の半分しか保有していない。そのような存在を、一人の人間と同列に扱うことはできないだろう。それ故に、受精こそが人間存在の最初の徴候だとみなされるべきなのである[6]。と言うのも、受精によって一人の人間の遺伝情報が完備し、その受精卵が順調な生育を続けることによって、将来「一人前の人間」になる可能性が成立するからである。

とは言え、このような考え方が万人に認められているわけではない。二〇〇一年（平成十三年）一月に、当時の科学技術庁の委託によって民間調査機関が行った全国意識調査によれば、「いつの時点から人として絶対に侵してはならない存在か」という質問に対して、「受精の瞬間から」と答えた人が最も多かったとは言え、その比率はわずかに三〇・一パーセントにとどまっているという[7]。

受精の瞬間に人間存在が成立するという考え方は、伝統的に教義仏教が説いてきた事柄であった。その典拠としてしばしば引用されるのが、『大集経』の次の一節である。

「精血二滴、合して一滴を成ず。大きさ豆子の如し、歌羅羅（カララ）と名づく。是の歌羅羅、三事を有す。一に命、二に識、三に煖なり[8]。」

すなわち、精子と卵とが合体することによって、カララと呼ばれるものが生ずるというのである。さらに、このカララが胎内で成長し、それが人間になる様子は『サンユッタ・ニカーヤ』の次の一節が示している。

「先ずカララ（迦羅邏）ができ上がる。カララからアッブダ（胞）ができ上がる。

アッブダからペーシー（肉段）が生じる。ペーシーからガナ（堅厚）が生じる。ガナからパサーカ（肢節）が生まれ、髪や毛や爪が生ずる。かれの母が食べて摂取するもの、―食物と飲料と吸うて食べるもの、―母体のうちにいる人は、それによってそこで生長する。(9)」

この一節は、「この［生命］は、いかにしてこの身体を見出すのであろうか」という質問に対して釈尊が与えた回答だとされている。つまり、ここでは身体を伴う人間の生命が、いつから始まるのかという問題が提起されているのであり、それに対して、カララこそが人間存在の始まりであると述べられていることになる。

先に引用した『大集経』の一節から、このカララは命、識、煖という三つの要素からなることが窺われる。この三者は、寿命、意識、熱、すなわち体温に相当するものであり、玉城康四郎氏は、その中でも命が最も重要だと論じている。同氏によれば、命の本質は入出息、すなわち体内を貫く風力であり、それこそがカララを生育させる原動力である。つまり、風力が人間存在を支える根本原因ということになる。この点は、人間存在がいつ終了するのかを考察する際に、重要な意味をもつことになるであろう。ともあれ、ここでは、人間存在の根本原因である風力と、それによって支えられているカララとが、受精によって成立することを確認しておきたい(10)。

しかしながら、このような仏教の教義は、現代の人々が誕生と死の問題を考える際に参考にし得るものだとは言い難い。と言うのも、逆説的ではあるが、その内容が生理学的な観察にもとづくものだからである。つまり、同じく生理学的な観察にもとづくのであれば、教義仏教が伝える二〇〇〇年も昔の成果ではなく、最新の科学的知見を利用した方がはるかに有益である。教義仏教の知見は科学的であるが故に、皮肉にも最新の科学の前でその有効性を失うのである。

これに対して、今日、受精の瞬間に人間存在が成立するという考え方を強く主張しているのがカトリック教会である。この立場は、一九七四年の「堕胎に関する教理聖省の宣言」以来明確に示されているものであり、一九八七年に教皇庁が発表した「生命のはじまりに関する教書」では次のように述べられている。

「人間の生命は、その存在の最初の瞬間から、すなわち接合子が形成された瞬間から、肉体と精神とからなる全体性を備えた一人の人間として、倫理的に無条件の尊重を要求する。人間は、受胎の瞬間から人間として尊重され、扱われるべきである。」[11]

この一節には、人間存在は肉体と精神からなるというカトリックの伝統的な二元論の立場とともに、その両者の結合は受精の瞬間に実現するという今日的な考え方が示されている。そして、それは受精の瞬間に神によって「命の息」、すなわち神から与えられた霊魂が肉体の中に吹き込まれるという、現在の同教会の教義にもとづくものである[12]。

人間存在の発生を論ずる際に、神から与えられた霊魂という概念を持ち出すことは、教義仏教のそれよりも「宗教的」、あえて言えば非科学的である。けれども、キリスト教の思想的影響力の強い欧米各国で人間存在の始まりを論ずる際には、この考え方が非常に大きな拘束力を持つ[13]。しかも、我が国で先端医療に関わる倫理的ガイドラインを作成する場合には、欧米各国の取り組みが常に模範とされている。それ故、キリスト教の思想的影響は、現在では我が国にあっても極めて大きいと言わざるを得ないのである。

(二) 胎児の段階

伝統的な教義仏教、ならびに現在のカトリックの立場では、受精の瞬間こそが人間存在の始まりであるとされている。けれども、このような考え方が、直ちに今日の先端医療の現場で採用されているわけではない。例えば一九九八年にヨーロッパ連合倫理諮問グループがまとめた答申においては、受精卵ではなく、「胚段階からの人の生命の尊重」という基本的立場が打ち出されている[14]。また、受精後十四日以内の受精胚であれば医学実験等に用いてもよいという合意が、日本を含め、受精胚を用いた研究の認められている国々ではほぼ共通して成立している。つまり、受精後十四日以内の受精胚は、人間存在として保護されていないのである。この背景には、二〇〇二年（平成十四年）の日本産科婦人科学会会告にあるように、「ヒトが個体として発育を開始する時期は個体形成に与かる臓器の分化の時期をもって、その始まりとすることができ、それ以前はまだ個体性が確立されず胞胚細胞が多分化性をもつ時期でもある[15]」という見方が存在する。別の表現をすれば、中枢神経の原形ができあがり、原始的な感覚が生じるとされる受精後十四日目頃に、人間存在は成立すると考えられているのである。

ちなみに、この理論は脳死を人間の死とみなす理論と共通するものである。つまり、その両者の背後には、脳の機能が生み出された段階で人間存在は始まり、それが機能しなくなった段階で人間存在は終わるという思想がある。この考え方は、しばしば指摘されているように、脳の活動が人間の本質をなすという考え方にもとづいている。さらに、それは人間の肉体に神から与えられた霊魂が吹き込まれた瞬間に人間存在は成立するという、カトリックの思想の現代的解釈に他ならない。それ故に、カトリックでは脳死を人の死と認める立場を正式に承認している。ところが先に見たように、現在のカトリックでは人間存在の始まりを受精の瞬間であると説いている。言い換えれば、カトリックとその影響を受けた科学者達の間で、「神から与えらえた霊魂が吹き込まれる瞬間」をめぐって見解の対立が生じているのである[16]。

さて、人間存在の始まりを考える上で次に注目すべき点は、法律上、人工妊娠中絶がどの段階まで認められるのかということである。実のところ、先程論じた人間存在の開始時期に関するカトリックの議論は、今日ではどの段階から人工妊娠中絶を禁止すべきかを考察するための論拠とされている。そして、受精の瞬間に人間存在が始まると説くことで、カトリックは人工妊娠中絶を全面的に禁止する立場を強化した。この意味で、カトリックの立場は首尾一貫したものである。[17] けれども、人工妊娠中絶の是非が政治的な問題となった場合、キリスト教文化圏に属する国々においてもその対応は様々である。[18] まして、同文化圏に属さない我が国の対応は、この点に関してはキリスト教の思想的影響を受けていない。のみならず、我が国の文化に伝統的に大きな影響をもたらしてきた仏教は、少なくとも教義的な面では、この問題に対してカトリックのように論理的な知見を備えていない。それ故に、人工妊娠中絶をめぐる我が国の対応は、宗教的な論拠にもとづいていないと言うことができるだろう。

現在、我が国では原則的には人工妊娠中絶を禁止している。具体的に言えば、胎児の生命は「刑法」の堕胎罪の規定によって保護されているのである（第二一二条～第二一六条）。けれども、胎児の生命が害された場合、適用されるのは堕胎罪であって殺人罪ではない。このことは、胎児の殺害が通常の人間の殺害とは異なること、言い換えれば、胎児は「刑法」上、一人前の人間とはみなされていないことを意味する。とは言え、胎児の殺害が禁じられている以上、胎児の段階で既に人間存在が始まりつつあることは認められていると解釈できるであろう。ただし、堕胎罪の対象となる胎児がどの時期から始まるのかについては、明確な規定が存在しない。一般的な学説としては、胎児が懐胎、着床した後とされているようである。したがって、胎児の子宮壁への着床が完了する妊娠四週目以降の胎児が「刑法」によって保護されていることになる。言い方を換えれば、「刑法」の上では四週目以降の胎児が人間存在として認められているのである。

ところが、この堕胎罪の適用に対しては例外規定が存在する。すなわち、「母体保護法」によって、同法の定める要件が満たされた場合に限り、人工妊娠中絶は違法性を阻却されることが規定されている。その際の要件の一つに、「胎児が、母体外において、生命を保続することのできない時期」（第二条第二項）であることが挙げられており、具体的な時期については、一九九一年（平成三年）の旧厚生省事務次官通達によって満二二週未満とされている。つまり、それ以前の胎児に関しては、事情によってはその生命が保護されなくてもよいとされているのである。このことは、いかなる事情があっても殺害が認められない人間に対する扱いとは明確に一線を画している。したがって、「母体保護法」に従えば、人間存在は満二二週以後に始まると考えることもできるのである。

その一方で、「民法」の規定によれば、損害賠償請求権や相続権等に限り、胎児も既に出生している人間と同等に扱われるべきだとされている（第七二一条、第八八六条）。ただし、胎児が妊娠中のどの時期からそのように扱われ得るのかに関して、明確な基準はない。そのため、この規定が想定している人間存在の始まりを推定することはできない。また、「墓地、埋葬等に関する法律」（第二条第一項）や「死体解剖保存法」（第一条）では、四ヵ月以上の「死胎」は一般の死体と同等に扱うべきことが規定されている。つまり、受精後四ヵ月を経過した胎児は人間存在として一応認められているのである。けれども、それ以前の「死胎」に関しては、どのように処分されても一切違法性を問われることはない。これらの法律では、四ヵ月未満の胎児が人間存在としては認められていないのである。いずれにせよ、我が国の法制度のもとでは、人間存在の始まりに関する規定が法律毎に異なっており、そこに統一的な基準は存在しないのである。

ところで、我が国の伝統的な習俗として、妊娠五ヵ月目の戌の日に、妊婦が腹帯を着ける儀礼がある。これは、犬のお産は軽いと言われているために、そのような犬の出産にあやかろうという安産祈願である。同時に、それは腹帯によって胎児を保護し、その順調な発育を祈る行事でもある。現在でも多くの妊婦によって受け継がれているこの習俗に対して、宮田登氏は胎児の生存権が正式に確認される瞬間であると評している[19]。つまり、伝統的な生活感覚としては、妊娠五ヵ月頃から人間誕生のプロセスは始まるとみなされているのである。ちなみに、妊娠五ヵ月頃には胎児の胎動が始まる。と言うことは、胎児が人間存在として認められるためには、母親をはじめとする周囲の人々によって、その具体的な活動が認知される必要があったことが窺われる。二人称の立場における人間誕生の確認は、この段階から始まると言ってもよいであろう。

㈢ 出産から成人まで

人間誕生の最も象徴的な徴候は、言うまでもなく出産の瞬間である。しかし、出産の瞬間にも幾つかの段階が存在する。大別すれば、陣痛開始、頭部等が母体から出る「一部露出」、胎児の全身が母体の外に出る「全部露出」、それに、新生児が独立して呼吸を始める「独立呼吸」等の瞬間である。このような事柄は、一般民衆の立場からすれば大きな問題とはならない。と言うのも、新生児が独立呼吸を始めない限り、出産が無事に完了したとは言えないし、まして、一部露出の段階で出産が終了したと言うことは断じてあり得ないからである。そこで、一般の生活感覚からすれば、新生児が独立呼吸を開始した瞬間が出生の瞬間となるであろう。医学的観点においても、ほぼ同様の解釈が成り立つと思われる。

しかし、法律的にはまったく異なった判断が下される。「刑法」では、殺害行為等が可能になる瞬間ということで一部露出説が通説とされており、一部に陣痛開始説や全部露出説を支持する立場もあるという。他方、「民法」では相続等の権利関係が煩瑣になることを避けるために全部露出説が通説とされており、一部に独立呼吸説を説く立場もあるという。つまり、我が国の法制度では、人間誕生の瞬間は、それに関わる個々の問題の性質に応じて相対的に決定されるという「概念の相対性論」が採用されており、どの段階を出産の瞬間とみなすのかについて、一定の基準は存在しない。だが、いずれにせよ、法律的な観点においては出産によって人間誕生のプロセスは完了するとみなされているのである[20]。

ところで、近年の生命倫理学の分野では、「生物学的なヒトとしての人間」ではなく、「道徳的主体として生存する権利を有する人格（パーソン）」に注目し、その後者が成立した時点で生存権の保護は始められるべきだという見解が提唱されている[21]。つまり、人格の成立によって人間存在は成立するというのである。一般に「パーソン論」と呼ばれるこの見解を最初に提唱したトゥーリー氏は、自己意識の存在こそが人格の成立する必須条件であると考えた。そこで、同氏は自己意識を持たない胎児や乳幼児を人格と認める必要はないとして、人工妊娠中絶のみならず、嬰児殺しも道徳的に許容されると主張した[22]。これに対してエンゲルハート氏は、「自己意識を持つ理性的な行為者」こそが「厳密な意味での人格」であり、それは誕生後ある程度の時間を経なければ成立しないけれども、母子関係等のような「最小限の社会的相互作用には参加し得る形態の人間の生命」にも、「社会的な意味での人格」を認めることができると主張した。そして、「胎児と幼児との間の区別については多少の任意性がある」という留保をつけながらも、人格は誕生時に成立するとみなすのが自然であると述べている。[23] さらに、プチェッティ氏は意識経験の能力の存在が人格成立の条件であると主張し、それは出産時に成立すると論じている。[24] パーソン論における人格の成立時期に関しては、論者によって様々な見解が存在しており一様ではない。だが、そうした議論の中でも、人間誕生のプロセスは出産時に完了するという見解が幾つか含まれているのである。

これに対して、我が国の民俗的立場では、出産によって人間誕生のプロセスが完結するとはみなしていない。それどころか、出生直後の新生児は未だ不完全な存在であり、むしろ出生の瞬間から、「一人前の人間」の誕生に向けて、様々な儀礼を伴う人間誕生のプロセスが始められると言うこともできるのである。新生児の誕生直後に行われる産飯や産湯、産着の儀式、産後七日目に命名を行うお七夜、三〇日前後で行われる初宮参り、百日目のお食い初め、さらには初節句や、一升餅を背負う一歳の誕生日等はその代表的なものであり、その多くは現在まで受け継がれている。[25]

これらの儀礼には、いずれも新生児がこの世に現われるまで存在していたあの世の汚れを落とすとともに、この世における生命力を付与することで、その子供がこの世に定着することを促す意味が込められている。例えば、お七夜では新生児にこの世の名前を与えることで、その子供がこの世の人間であることを確認し、再びあの世へ戻ることを防ぐことが目指されている。また、初宮参りでは初めて氏神のもとを訪れることにより、氏子に加えてもらうことが意図されている。これは、氏子の一員となることで、地域社会の構成員になることを人々に認知してもらう行事である。さらに、今日では家族の中で私的に行われている他の様々な行事も、元来は地域社会に対する子供の披露という意味が込められていた。つまり、そうした儀式を繰り返すことで、子供は次第にこの世の人間社会に組み入れられて、徐々に「一人前の人間」へと近づいていく。視点を変えれば、これも人間が誕生するプロセスの一環と言うことができるのである。

その後、子供の成長過程における大きな節目になるのが三歳、五歳、七歳の祝いであり、それが現代風に変化して七五三の習俗を生み出した。このいずれの年齢における祝いも、基本的には子供の成長を氏神に感謝するものであったが、その中でも特に重要な意味をもったのが七歳の祝いである。と言うのも、かつて我が国では「七歳までは神のうち」とか「子は「神からの」預かり物」と言われており、七歳までの子供は未だ正式に人間社会の構成員として認知されていなかったからである。その背景には乳幼児の高い死亡率があったことは確かである[26]。また、このような考え方にもとづいて、堕胎や乳幼児の間引きもしばしば行われ、それらは子供を神のもとに「かえす」とか「もどす」行為であると考えられていた。けれども、七歳を迎える頃から子供があの世へ戻る率は減少する。言い換えれば、子供はその頃になってようやくこの世の人間として暮らしていくことがほぼ定まるのであり、それに対応して、社会の側でも子供を正式に人間存在として認めるようになる。七歳の祝いは、まさにその披露としての意味をもっていたのである。

とは言え、七歳の子供は未だ「半人前」の存在である。この世に生まれた者が最終的に人間誕生のプロセスを終了し、「一人前の人間」として認められるのは元服式、すなわち今で言う成人式を迎える時であった。かつて我が国では、元服式は一般に十五歳前後で行われたという。ただし、その際には一定の身体能力を有していることが条件とされた。それが確認されることによって、この者はこの世の中に完全に定着したことが周囲の人々によって認められたのである。つまり、出生以来あの世とこの世の間で不安定な状態を続けてきた子供が、様々な通過儀礼を繰り返すことで次第にこの世の側に引き込まれ、最終的にこの世に落ち着くことが「一人前の人間」になることであり、それを承認するのが元服の儀式だったのである[27]。

けれども、今日の日本人にとって、このような感覚は既に希薄なものとなっている。それ故、現在では成人式は形式的なものと化し、その意味が顧みられることはほとんどない。それにも関わらず、成人を迎えた者には参政権が与えられるとともに、自己の行為に対する責任を自覚することが社会から求められる。このことは、社会の側では依然として、成人式を子供が「一人前の人間」となる儀式、言い換えれば、人間誕生のプロセスの終着点とみなしていることを意味している。一方、多くの人々にとっては、学校教育を修了し、入社式を迎える時に初めて「一人前の人間」になる実感が生じている。つまり、現在の日本においては、人間誕生のプロセスが完了する時点に関して、社会制度と人々の実感との間にずれが生じていると言うことができるのである。

第四節　死のプロセス

(一) 死の始まり

人間誕生のプロセスは受精の瞬間に始まる。これは医学、生物学的な観点にもとづいて、三人称の立場から決定される事柄である。受精の瞬間を文化的、社会的、もしくは主観的、情緒的な観点から捉えることはできないし、一人称や二人称の立場で語ることもできないからである。これに対して、死のプロセスの始まりは、様々な観点から各々異なった意味で語ることができる。しかも、それはあらゆる人称の立場から論ずることも可能である。このように、死のプロセスは重層的な構造を有しているために、そのプロセスの始まりは誕生のプロセスの始まりよりも曖昧なものにならざるを得ない。

さらに、誕生のプロセスはすべての人間がほぼ同じ経緯をたどるのに対して、死のプロセスは各人各様である。単に医学的な意味に限っても、不慮の事故によって突如として生命を断ち切られる者もいれば、老衰によって眠る如くにこの世に別れを告げる者もいる。また、文化的、社会的な観点から見ても、生物学的な生命を失う以前から社会的生命を喪失する者もあれば、生物学的な生命を失った後も永く社会的生命を保ち続ける者もある。極めて多彩な死のプロセスの中から、できる限り最大公約数的な死のプロセスを描き出せば、どのようになるであろうか。

まず始めに、生物学的観点から見た場合、人間の死のプロセスは出産の瞬間に始まると言うことができるであろう。なぜなら、人間の身体は出産直後から新陳代謝を行っており、細胞レベルにおける死は既に始まっているからである。また、この世に生まれ出た人間は、その瞬間からやがて死を経験することを不可避的に運命づけられており、死への旅路を着実に歩み始めるからである。

このように述べた場合、死のプロセスは既に胎児の状態から始まっているという反論が起こるかもしれない。と言うのも、胎児の身体が形成されるためには、必然的に数多くの細胞が死ななければならないからである。[28] だが、たとえそうだとしても、この反論が妥当なものだとは思えない。なぜならば、誕生のプロセスが母体内で始まっているとしても、そのプロセスが出産以前の段階で完了することはいかなる意味でもあり得ない。医学、生物学の観点であれ、あるいは文化的、社会的な観点であれ、いずれの立場においても誕生のプロセスの完了が認められない以上、一人の「生者」の死のプロセスが開始したことを認めるわけにはいかないからである。

ちなみに、誕生のプロセスを完結していない人間が「死亡」した場合には、それを一人前の人間の死と区別するべきだという意識が、文化的、社会的な通念として成り立っていることにも留意する必要がある。例えば、死亡した胎児に対する葬送儀礼は一般には行われない。その代わり、水子供養という通常とは異なる儀礼が行われることがある。[29] また、「神のうち」とみなされていた七歳以下の子供が死亡した場合にも、葬送儀礼を営まないケースや、半葬式と称して身内の者だけによる簡略な葬儀を行う地域の多いことが報告されている。このような例からも、誕生のプロセスが完結しない人間が「死亡」することは、文化的、社会的に認められてこなかったと言うことができるのである。

さて、生物学的には出産の瞬間から死のプロセスが開始されるとは言え、人々がそれを自覚するようになるのは、体力の衰えや老眼、更年期障害等という、様々な老化現象の発生によってである。言い方を変えれば、身体内の各器官が正常な機能を維持し得なくなったことを自覚することで、人々は自らが死のプロセスに踏み入ったことを認知するのである。

そして、それとほぼ時を同じくして、あるいは人によってはそれよりも早い時期から、人々は自らが他の様々な意味においても死のプロセスの中にあることを感じ始めるようになる。例えば、職場における定年は「職業人」としての生命の終了を意味しており、家庭における子供達の独立は「保護者」としての生命の終了を象徴している。「余生」や「第二の人生」等の表現は、人生における「主要な部分」、もしくは「第一の人生」が終了したことを言い換えたものであり、そこには明らかに死のプロセスが一歩進展したことが含意されている。これらは、ある人間を取り巻いていた社会的な関係が一つずつ失われていくことを意味しており、いずれも社会的な死のプロセスの一環だと言うことができる。そして、このような社会的な死と、先に述べた生物学的な死のプロセスの始まりは、いずれも一人称の立場から捉え得るものであるとともに、二人称、及び三人称の立場からも確認されるものである。

これに対して、主観的、情緒的な観点から、特に仏教的視点にもとづいて死のプロセスを見る場合、それは「死苦」の自覚によって開始される。すなわち、自らの死を自覚し、自らが「死にたくない」という気持ちを抱いた瞬間から一人称の立場における死のプロセスは始まり、身近な者に「死なれたくない」という願いが生じた瞬間に、二人称の死のプロセスは始まるのである。しかし、当然のことながら、このような観点にもとづく場合、三人称の死のプロセスは存在しない。

ところで、これまで述べてきた様々な観点においては、少なくとも脳死や三徴候死が発生するまでは、死のプロセスの始まりが確認され得るのみであり、その完了が宣言されることはない。しかしながら、誕生のプロセスを論ずる際に言及したパーソン論の視点からは、未だ脳死や三徴候死が発生する以前に、死のプロセスの完了が語られる例もある。先に述べた通り、一言に「人格（パーソン）」と言っても、その成立の細かい条件は論者によって異なる。だが、自己意識の存在が人格成立の要素として重視されている点では、多くの論者が共通している。そのため、もしもこの要因を厳格に適用した場合、知恵遅れの人や重度の精神障害者、あるいは老人性認知症患者等を人格とみなす必要はないことになってしまう。つまり、老人性認知症患者等はそのような症状が生じた段階で死のプロセスを完了したことになるのであり、先天的な知恵遅れの人等は、はじめから一人前の人間として生まれていなかったことになるのである。そこで、エンゲルハート氏やプチェッティ氏は、こうした人々をも人格として認めることには同意した。しかし、彼らも重度の植物状態は死のプロセスの完了状態であるとみなしている[30]。こうして、人間の死のプロセスの完了は、まず始めにパーソン論の観点から宣告されることになるのである。

(二) 三徴候死と脳死

今日多くの人々は、医師が死亡診断を下す瞬間を、死のプロセスにおける最も象徴的な瞬間だとみなしている。しかも、この診断が「何時何分死亡」という形でなされるため、一般に我々は、人間の死がある瞬間に起こるものだという錯覚を抱きがちである。だが、死亡診断は医学的観点における死のプロセスの完了の確認であり、同時に、それを追認する立場をとる法律的観点における死の確認であるにすぎない[31]。

医学的な死の診断が、死のプロセスの中のどの時点で下されるべきかということは、どの時点で蘇生の可能性が失われるか、言い換えれば、どの時点が人間の生命の不可逆点となるかによって判断される。明治時代以前には、「息を引き取る」という言葉が象徴するように、呼吸停止がその瞬間だとみなされていた。しかし、明治時代以降、心臓停止、呼吸停止、瞳孔散大からなるいわゆる三徴候死の概念が導入された。

医学的観点にもとづく通常の死のプロセスは、呼吸停止に始まり、心臓停止とそれにもとづく血流停止を経て、短時間の間に脳を含む全臓器の機能喪失へと続く。それ故、呼吸と心臓の拍動が停止すれば、不可避的に脳機能も失われることになる。そこで、瞳孔の対光反射の有無を調べることで、その機能をつかさどる間脳の機能の有無を確認し、ひいては脳全体の機能の有無を推測する。そのために行われるのが瞳孔散大の確認である。したがって、三徴候の確認は、心臓、肺、脳という三つの主要臓器が、いずれもその機能を喪失していることの確認なのである。

この三徴候の確認が、従来医学的な死亡診断の拠り所とされてきた理由として、三木敏行氏は次の四点を挙げている。第一は、心臓と肺と脳の機能が最も代表的な生命現象であること、第二は、三機能が停止すると他の生命現象も遠からず停止し、再び蘇生しないこと、第三は、三機能の廃絶は医学的に判断しやすいこと、第四は、一般の人々も、この三機能を失った者が最早生きているとは思わないことである[32]。この中で、第四の点は直接的に医学的観点にもとづくものではない。けれども、それは三徴候死が社会的な合意を得るための、最も重要な要件であったと言っても過言ではない。つまり、医学的な死の判定といえども、社会的、文化的な制約を免れることはできなかったのである。

ところが、一九九七年（平成九年）一〇月に「臓器の移植に関する法律」が施行された。これにより、移植用の臓器が摘出される場合に限るという条件付きながら（第六条第二項）、我が国でも脳死状態の確認によって死亡診断が行われ得ることになった。すなわち、医学、法学的な死のプロセスの完了には、二つの基準が併存することになったのである。

脳死の一般的な定義は「脳機能の不可逆的停止」であり、その発現は、交通事故等によって生ずる脳挫傷のような外的要因によるものと、脳内出血、脳梗塞、脳腫瘍等の内科的要因によるものとに大別され得る。いずれの場合にも、自然の経過に従えば、まず始めに脳機能が失われ、呼吸中枢が破壊されることによって自発呼吸が停止する。すると、引き続いて心臓が停止し、結果的には三徴候死と同じ状況に至ることになる。ところが、脳機能の喪失から間もない時に人工呼吸器等の生命維持装置を装着することで、「脳機能の不可逆的停止」にも関わらず、心臓や肺等の他の臓器の機能を一定期間維持することが可能になった。こうした事例が、脳死状態の確認によって死亡診断を行うべきか否かの対象となるのであり、我が国では全死亡例の約一パーセントに相当すると言われている。ちなみに、そのような状態では心臓の拍動や呼吸等が観察されるため、外見的に死を確認することはできない。それ故、中島みち氏は脳死を「見えない死」と名づけている(33)。

ただし、一口に「脳死」と言っても、その定義は様々である。とりわけ、脳のどの部分の機能喪失に注目すべきかという問題と、脳機能の不可逆的停止をどのように判定するのかという問題をめぐっては、世界的にも多くの議論が重ねられている。視点を変えれば、それだけ多数のプロセスが「脳死」にも含まれているのである。その中から、代表的な「脳死」の定義を挙げれば次の四種類になる。

第一は大脳皮質死説である。これは、大脳皮質が不可逆的機能停止に陥れば、自己意識や意識経験は消失し、人間はもはや「人格（パーソン）」として存在し得なくなるという、先に論じたパーソン論の主張である。しかし、この立場を医学的な死の基準として採用する例は、現在世界的にも存在しない。第二は脳幹死説である。これは、間脳、中脳、橋、延髄からなる脳幹の機能が不可逆的に停止することで、深い昏睡、自発呼吸の停止、瞳孔散大、脳幹反射の消失等が起こり、自律的な生命維持が不可能になった状態を人間の死と認める立場である。この場合、大脳に一定の機能が残存していることもある。つまり、意識が残存する可能性もある。しかし、それらも脳幹死の結果として短時間で消失すると考えられている。現在、この立場を採用しているのはイギリスのみである。これに対して、日本を含む数多くの国々で採用されているのが、第三の全脳死説である。これは、大脳、小脳、脳幹を含む脳全体の機能の不可逆的停止を医学的な死と認めるものであり、一般に「機能死」と呼ばれる立場である。我が国ではこの状態を判定する条件として、深い昏睡、自発呼吸の停止、瞳孔散大、脳幹反射の消失に加え、脳波の平坦化の確認が義務づけられている。(34)ただし、この場合でも残存意識の可能性を完全に否定することはできない。第四は全脳梗塞死説であり、脳血流の全面停止（全脳梗塞）を医学的な死と認める立場である。全脳梗塞が発生すると、すべての脳細胞が数分以内に壊死すると考えられているため、残存意識の可能性は極めて低い。一般に「器質死」と呼ばれるこの立場は、現在北欧で主流とされている。だが、この立場に対しても、全脳梗塞を確認する技術的方法は未だ確立されていないという批判が存在する。

ちなみに、脳幹死、全脳死、全脳梗塞死のいずれの立場であれ、「脳死」状態の確認は二度行うべきことが各国の判定基準によって定められている。これは、脳死の不可逆性の確認であると同時に、残存意識の消失を確かなものにするための措置である。それ故、二回の判定を行う間隔は、脳幹死の場合は長く、全脳梗塞死の場合は短くなる傾向にある。

ところで、以上に略説した脳死の概念を死の判定基準として採用することに対しては、医学関係者のみならず、社会的、文化的に様々な立場の人々から賛否両論が沸き起こっている。これは、死の判定が単に医学的な問題にとどまらず、他の様々な観点からも考察すべきものであることを物語っている。本章ではその詳細を示すことはできないが、教義仏教の立場からの反応について若干触れておくことにしよう。

教義仏教とは言っても、その内容はもちろん原始仏教、部派仏教、大乗仏教によって異なっており、各々の経典によっても一律ではない。けれども、この問題を論ずる際には、人間存在が母胎内のカララと呼ばれる存在から始まっており、それが命、識、煖の三要素から成り立っていたことを常に思い起こす必要がある。つまり、この三要素が人間存在の基本であり、それが失われることで人間存在は終焉を迎えるという視点は、ほぼ一貫して踏襲されているのである。その典拠の一例として、『雑阿含経』の記述にもとづく『倶舎論』の一節を示しておこう。

「寿（命）と煖と及び識と、三法の身を捨する時、所捨の身は僵仆《きょうが》す（仰向けに横たわる）。木の思覚なきが如し。」(35)

問題は、この三要素が同時に失われるのではなく、その一部が欠けた場合、どの段階を人間の死とみなすのかという点である。大きく分けて、二通りの解釈が存在する。一つは、三要素の中でも命、すなわち風力が人間存在を支える根本原因だと解釈した玉城康四郎氏のように、命、すなわち呼吸が存在する限り人間は存在し続けるという主張である。この場合、脳死を人間の死と認めることには反対の立場が導かれる。(36)

これに対して、識の存在こそが人間存在の基本だと考える人々は、識の消滅した瞬間、すなわち脳死状態が確認された時点で人間存在は終焉を迎えると主張する。そして、その根拠として用いられる理論の一つに、衆生（生き物）は色、受《じゅ》、想《そう》、行《ぎょう》、識《しき》の五蘊《ごうん》が仮に結び付くことによって成り立っているという「五蘊仮和合《ごうんけわごう》」の思想がある。つまり、身体を構成する物質的要素（色《しき》）から、精神的要素である受《じゅ》、想《そう》、行《ぎょう》、識《しき》が離れること（五蘊《ごうん》離散）によって、衆生としての存在は失われるという主張である。(37)

このように、教義仏教の立場からは脳死を人間の死と認める見解と、それを認めない見解の双方が導かれ得る。(38) 臓器移植の是非をめぐって、仏教的観点からは双方を支持する見解が導かれた。(39) それと同様に、ここでも仏教界の意見を一方の立場に集約することは不可能なのである。

㈢ 死の完了へ

脳死であれ、あるいは三徴候死であれ、医師による死亡判定は医学的な死のプロセスの完了を示すものにすぎず、それが同時に生物学的な死の完結をも意味するわけではない。事実、脳死判定後も生命維持装置を使用することにより、心臓をはじめとする他の臓器の機能を維持することは可能であり、それ故にこそ、心臓等の移植を行うことができるのである。また、心臓停止後も、三〇分以内であれば腎臓の機能は維持されており、器官上皮の繊毛は約五時間、皮膚の汗腺細胞は十数時間それぞれ機能し続けるという。

その一方で、体温は心臓停止後三時間で一・五度低下し、その後急速に冷たくなる。身体の硬直は死後二、三時間で頭や頸部から始まり、六時間から八時間で全身に達する。そして、この状態が四八時間ないし六〇時間続いた後に腐敗が始まる。しかし、その間も毛髪や爪等は伸び続け、その機能は数日間に及ぶと言われている。身体内のすべての細胞が死滅し、こうした残生現象が完全に消えた時に、生物学的な死のプロセスはようやく完了するのである[40]。

しかしながら、通常我が国ではその前に火葬を行うことで、生物学的な死のプロセスを強制的に終了させている。この火葬の時期に関しては、「墓地、埋葬等に関する法律」によって、医学的な死亡判定から少なくとも二四時間以後であることが規定されている[41]（第三条）。つまり、死亡判定から二四時間を経過した段階で、法律的には死のプロセスの完了が最終的に確定されることになるのである。

とは言え、医学的な死の判定や、法律上の死の確定は、いずれも生物学的な死のプロセスにおける一つの段階を人為的に選択したものにすぎない。このような死の瞬間を決定するために、古来人々は知恵を絞り、様々な作法を生み出してきた。それは、まだ生きている人や蘇生の可能性のある人を、誤って死者として扱うことを避けるという意味でも、極めて重要な事柄であった。そのため、死を判定する作法には客観性が求められた。つまり、それは三人称の立場にもとづいて決定される必要があったのである。

けれども、前近代の社会では、死の判定はその死者の身近な者達自身が行っている。それ故、こうした作法は、同時に死者を弔い、死者に永遠の別れを告げるためのものでもあった。その結果、死を判定し、その死者を送る作法には、必然的に二人称の立場も加味された。このようにして整備されたのが、いわゆる葬送儀礼である。それ故、この中には民俗的、宗教的な死のプロセスと、主観的、情緒的な死のプロセスも込められているのである。

ただし、二人称の立場における死の受容は、決して医学的な死の判定の瞬間から始まるのではない。むしろ、それは親しい者が死にゆく姿を看取ることによって、徐々に準備されるものである。このことは、例えば交通事故等によって突然身近な者を失った人々が、その悲しみからなかなか立ち直れないのに対して、身近な者の闘病生活を支え、その最期を看取った人々は、悲しみの中にも充足感を味わい、その後も自らが生きる意欲を失っていないことからも窺われる。[42] また、身近な者が脳死状態に陥った時に、十分な看取りの時間を持つことができた人々の中には、なにがしかの安らぎが生ずるとともに、臓器提供の意志が自然に芽生えることもあるという。[43]

医学的な死亡診断の瞬間は、その後に訪れるのである。だが、本来三人称の立場で行われるべき死亡診断の際に、二人称の立場が尊重される例は現在でもしばしば存在する。例えば、臨終の場面に家族全員が立ち会いたいという希望が示された場合、その人々が現場に集まり、最期の別れを告げるまで、死亡の確認をあえて遅らせることもあるという[44]。つまり、死亡診断は必ずしも医学的に厳密なものではない。しかも、従来の三徴候死であれば、医学的な死の訪れは一般の人々にも確認し得るものであったため、医師による死亡診断は一種の「儀式」にすぎないと言っても過言ではないのである。

ただ、いずれにせよ、この死亡診断が合図になって一連の葬送儀礼が開始される。波平恵美子氏によれば、古来我が国ではそうした儀礼の中で身体的変化を観察することにより、死の確認を繰り返してきた。すなわち、意識不明で呼吸が止まる、脈拍が止まる、顔色が変わり身体が冷たくなる、硬直が始まる、腹部等の膨張が始まる、腐敗が始まるという段階が、魂よばい、末期の水、北枕での横臥と枕飯の準備、通夜、湯潅、納棺等の作法の中で確認されたのである[45]。これらの儀式には、身体から抜け出した魂を呼び戻すことで死者の復活を願う要素と、死者の魂が魔物に取り憑かれることなく、また、この世に災いをもたらすこともなく、無事にあの世へ到達することを願う要素という正反対の意味が込められている。同時に、そこには遺された人々、言い換えれば二人称の立場の人々が、親しい者の死を主観的、情緒的に納得するための、看取りの延長としての意味も込められている。これは、親しい者の生存に対する執着を断ち切り、諦めの感情を醸成するものだと言うこともできるだろう。つまり、それはこの世における生命の終焉を確認する作法なのである。

これに対して、その後に行われる葬儀と火葬、及び骨上げの儀式は、二人称の立場から見れば、親しい者がこの世からあの世へ旅立ったことを確認する作法となる。事実、ここではそれを象徴するものが幾つか登場する。第一は戒名の授与である。戒名は本来生前に授与されるべきものだという主張がある。けれども、それは実際には建前論にすぎない。むしろ、戒名は死者のための名前であり[46]、その者が既にあの世の存在になったことの象徴と理解した方が現実的であろう[47]。第二は火葬の点火である。とりわけ現在では、火炉の扉がこの世とあの世の境界を象徴しているように思われる。と言うのも、その扉が閉じられる瞬間に、それまで悲しみをこらえていた人が、一気に泣き崩れることがしばしば起こるからである。そして第三は、火炉から出された遺骨と対面し、その骨を拾う儀式である。特に日本では、火葬の際に骨格の形を残すことで、身体の劇的変態が直接確認される。こうして、親しい者が既にこの世には存在しなくなったことを最終的に確認するのである。

そして、この後は追善供養の段階に移る。初七日から七日毎の供養を経て、四九日のいわゆる忌明け法要までが一区切りである。これは、土葬された遺体の腐敗がほぼ完了する期間に相当するという。しかし、教義仏教では、この間の死者の「魂」は中有（中陰）と呼ばれ、この世に再生するまでの一時的な存在として虚空に留まるとみなされている。一方、生活仏教では、この間の死者の魂は自宅の棟に留まり、それが過ぎた後にはじめて自宅を離れると言われている。いずれにせよ、死者はこの時期に遺族のもとから完全に立ち去るのである。これを遺族、すなわち二人称の立場に置き換えれば、死者の記憶を整理し、遺族の心の中に再生させる期間だと言うこともできるであろう。このことは、民俗学の分野において、死者が祖先の世界に生まれ変わると言うことと、それ程大きな違いがあるとは思われない。

四九日の法要の後、遺族は一周忌から始まる年忌法要と毎年の盆供養を繰り返すことで、死者の魂を鎮め、祖先の世界での成長を祈願する。その結果、死者の魂は次第に個としての性格を薄め、祖先の霊と一体化する。これを二人称の立場から見れば、死者の思い出を心の中で昇華し、死の悲しみを緩和させる過程と言うこともできるだろう。やがて、弔い上げと称される三三回忌、もしくは五〇回忌を迎えると、死者の魂は個の性格を完全に失い、祖先の霊と一体化する。こうして、一連の葬送、ならびに追善供養が終了する。言い換えれば、民俗的、宗教的な死のプロセスが完了するのである。しかも、この弔い上げの時期は、その死者の記憶を持つ世代が死に絶える頃に相当する。つまり、この弔い上げは主観的、情緒的な死の完了をも意味している。こうして、最後まで残された二人称における死のプロセスが完了することで、一人の人間の死があらゆる意味において完了するのである。

第五節　仏教の立場と現代社会

人間の誕生とは何か、そして、死とは何か。この問題を、私は本章では「仏教の立場」から捉えようと試みた。果たしてその試みが成功したのかと問われれば、実のところ甚だ心もとない思いがする。その理由を自問すれば、そもそも「仏教の立場」とは何かという問いに逢着する。もしもそれを仏教の伝統的教義に求めれば、そこから出てくる回答は、現代社会が直面する誕生と死の問題に対して、到底説得力を持ち得ないものとなるだろう。仮にそれを生活仏教に求めても、おそらく答えは同じである。しかし、こうした仏教の教義や生活仏教の様式も、それが生み出された当初は最新の科学的、社会的な知見にもとづいていたはずだ。つまり、かつての仏教は、時代の最先端に位置する知の総合体、諸学の交差点だったのである。そうだとすれば、現代における「仏教の立場」も、そうしたものを新たに構築する必要があるだろう。その意味において、ここで言う「仏教の立場」は、従来の「仏教」の枠を越え、さらには信仰を偏重する狭義の「宗教」の範疇をも越えた「総合的立場」とならざるを得ないのである。

このような立場から人間の誕生と死の問題を考察するためには、少なくとも三つの基本的視点を尊重する必要があることを、本章の第二節で考究した。すなわち、誕生と死をプロセスとして捉える視点、医学、生物学をはじめ、文化、社会、主観、情緒等の側面を複眼的に捉える視点、及び、三つの「人称」の観点を等しく重視する視点である。そして、実際にその総合的立場にもとづいて、人間の誕生と死のプロセスを考察したのが本章の第三節と第四節である。ここでは、受精の瞬間から成人式までを誕生のプロセスとして、また、出産から死後五〇年までを死のプロセスとして扱った。

ところが、上記の考察に対しては、「仏教の立場」をめぐって次のような反論が提起されるかもしれない。すなわち、古来仏教では輪廻転生の思想を説いてきた。これは、人間をも含めたあらゆる生命の永遠性を語るものである。それ故、人間の誕生と死を考察する際に、受精以前の生、もしくは死後五〇年以降の生をも視野に入れる必要があるのではないかという意見である。あるいは、別の質問が発せられるかもしれない。すなわち、仏教ではしばしば「仏のいのち」という言葉が用いられる。この「仏」という語の解釈はひとまず措くとしても、我々の生命を支える根源的な「いのち」、いわば究極的存在と言うべきものを想定する必要があるのではないか。そうだとすれば、この「仏のいのち」と人間の生命との関わりをも、人間の誕生と死を考える際には考慮に入れるべきではないかという疑問である。

しかしながら、私は本章においてそうした視点を一貫して無視し続けた。そこには二つの理由が存在する。第一は、そのような宗教的「いのち」には個の性格が存在しないことである。たとえ輪廻の主体が個の生命であるとしても、特定の輪廻の主体が過去世から現在世へ、さらには未来世へと転生する様子を追跡することは不可能である。それ故、現在世における具体的な誕生と死を輪廻転生のプロセスの中に位置づけたところで、現実的な意味を見出すことはできない。また、各々の人は自らが輪廻していた時の記憶を有していないために、輪廻の主体は実質的に匿名の存在ということになる。つまり、輪廻の問題は常に三人称の立場でしか論ずることができないのである。

その一方で、仮に輪廻転生が宗教的「真理」であるとしても、その存在を科学的、論理的に証明することはできない。同様に、根源的な「いのち」の存在も情緒的、直観的に把握されるべきものであり、その存在を合理的に論証することは不可能である。そのため、輪廻転生や根源的な「いのち」の存在は、あくまで主観的な信仰の領域の事柄だということになる。そのような概念を持ち出した途端に、議論は現実の世界から観念の世界へ逸脱してしまうであろう。そうなれば、最早、人間の誕生と死を現実的な課題として考察することはできなくなってしまう。とりわけ、科学に対する絶対的な信仰が根付いている反面、宗教離れや仏教離れが指摘されている昨今の日本ではなおさらである。この点に、私がこれらの概念を問題の考察に取り入れることを避けた第二の理由が存在する。

では、あくまで現実的な観点に立脚して、総合的立場から人間の誕生と死のプロセスを考察することが、仏教にとっていかなる意味を持ち得るのであろうか。言い換えれば、誕生と死を総合的に把握することによって、仏教は現代社会の中でいかなる役割を果たし、現代社会にいかなる提言を行うことができるのであろうか。このことは、仏教が現代社会の中でいかなる存在意義を持ち得るのかという問題に直結する。

結論から述べれば、仏教は現代社会にあっても、人々の苦しみを取り除くことを究極的な目的とするものであり、そのためには、人々を苦しめる要因を社会や人々の心の中から取り除く使命を担っていると私は考える。このような観点にもとづきながら、改めて人間の誕生と死の総合的なプロセスを眺めれば、その中には現代社会に生きる人々の苦しみを軽減するための処方箋が、少なからず隠されていると思われる。しかし、ここではその中の一例だけを取り上げて、本章におけるまとめとしよう。

既に本文中で詳述したように、人間の誕生と死は、それぞれ非常に長い時間的なプロセスによって成り立っている。とりわけ死の問題に限定した場合、そのプロセスは、まだ人間が生物学的に生きている時から始まっている。だが、その一方で、人間は生物学的な死が訪れた後にも、二人称の観点において、社会的、もしくは情緒的な意味で生き続けることが可能である。つまり、死は生の中に始まり、生は死の中で継続する。そうだとすれば、我々は人間の生と死を、完全に別々のものとして捉えることはできない。むしろ、両者の範疇は重なり合っており、一体のものとして把握することが必要である。これを仏教の伝統的な用語で表現すれば「生死一如《しょうじいちにょ》」と言うことになるであろう。

ところが、現代社会に生きる多くの人々は、医学、生物学的な観点のみにもとづいて人間の誕生と死を理解する傾向が強い。そのため、人々は人間が社会の関係性の中で生き、そして死んでいく存在であることを忘れてしまう。しかも、彼らは人間の誕生と死が時間軸上のある瞬間に起こると考えがちである。その結果、彼らは瞬間的に起こる死によって、自己の存在は一挙に無に帰してしまうという思いに駆られる。つまり、死の中にいかなる意味をも見出すことができなくなるのである。こうして、人々はまったくの虚無と化した死に対して、底知れない不安と恐怖を感じるようになる。のみならず、自らの生が、最終的にはこの絶対無に他ならない死によって瞬間的に断ち切られると考えた時、人々はその生に対しても一切の意味づけを喪失してしまうのである。

このような恐怖から逃れるために、人々は死を忘れることに努め、必死で生の意味を捜し求めることになる。これが、現代社会の中で人々が特別な「生きがいさがし」に熱中する大きな要因だと思われる。しかも、人間が社会の関係性の中で生きる存在であることを忘れた人々は、他者との関係の中に自己の生きがいを見出すことができない。そのために、彼らは他ならぬ自分自身に対して必死で自己主張をしなければ、自己の存在意義を見失ってしまうのではないかという脅迫観念に常につきまとわれている。こうして、社会全体が自己主張を続ける人々によって覆われると、社会は自己中心的なものへと変質していくのである。その結果、社会全体から他者に対する思いやりが失われ、その中にいる人々は、ますます孤独感を強める一方で、安らぎを失うことになる。

　このような苦しみを取り除くためには、社会の中で生きることの意味を人々が再発見しなければならない。そのためには、生に連続している死が、まったくの虚無ではないことに改めて気づく必要がある。そして、そのためには、人間の誕生と死のプロセスを、今一度複眼的に把握することが不可欠になるだろう。このことは、同時に人間の尊厳とは何かという問題を考える上でも重要な意味をもつことになる。総合的立場から人間の誕生と死の問題を考える必要性を説く仏教の存在意義が、こうして再発見されることになると私は考えるのである。

註

第一節

（1）人間の身体や細胞を対象とする技術開発や実験をどこまで許容するのかというガイドラインの策定が、国家レベルで緊急の課題となっている。そのためには、人間の生命の始まりと終わりをどの時点に設定するのかという基準の確立が不可欠である。それにもかかわらず、楜島次郎「再生医学の倫理的・法的・社会的問題」『ヒトの生命と人間の尊厳』（高橋隆雄編、熊本大学生命倫理研究会論集3、九州大学出版会、二〇〇二）三二頁によれば、「日本では、国レベルでの政策対応を決める際、「人の生命はいつ始まるか」という正面切った議論は、まったくといっていいほどやっていない」とのことである。

（2）日本印度学仏教学会の臓器移植問題検討委員会の「委員会見解」、ならびに前田惠學氏による「委員長覚書」については、前田惠學「臓器移植問題検討委員会の歩み」『印度学仏教学研究』三九（一）（一九九〇）を参照。

（3）玉城康四郎「仏教の生命観」『脳死・尊厳死』（『季刊仏教』別冊四、法蔵館、一九九〇）はこの立場における最も基本的かつ重要な論考の一つである。

（4）『曹洞教会修証義』「第一章総序」より。ちなみに、『曹洞教会修証義』は明治時代に道元の『正法眼蔵』をもとにして編纂された曹洞宗の聖典である。

第二節

（5）この視点は、既にV・ジャンケレヴィッチ（仲沢紀雄訳）『死』（みすず書房、一九七八）によって提唱されていた。けれども、我が国でこの視点が重視されるようになった直接的なきっかけは、柳田邦男氏が『犠牲《サクリファイス》—わが息子・脳死の11日—』（文藝春秋、一九九五）の中で、二人称の視点から人の死を考えることの重要性を訴えたことにあるように思われる。

第三節

（6）ただし、「受精（授精）」の概念にも、厳密には「卵へ精子が侵入すること」と「卵核と精核との融合」という二つの意味が含まれている。

（7）野村総合研究所『ヒト胚性幹細胞及びクローン技術等の研究開発動向及び取扱に関する調査』（二〇〇〇年三月）による。（ただし、筆者未見。橳島前掲論文［本章註（1）］三六頁による。）なお、この質問に対する他の回答は、「人間の形が作られ始める時点（受精後十四日位）」一六・九％、「母体外に出しても生存可能（妊娠二二週以降）」一五・一％、「出産の瞬間から」七・六％、「わからない」二九・四％であったという。

（8）『大方等大集経』巻二三「虚空目分、弥勒品」、（『大正新脩大蔵経』一三巻一六四頁中段）。

（9）*Saṃyuttanikāya*, "Sagāthavagga" X. 1. 3. 章節の番号と「　」内の訳文は中村元訳『ブッダ悪魔との対話—サンユッタ・ニカーヤⅡ—』（岩波文庫、一九八六）二二五～二二六頁による。また、（　）内の漢訳語はこの箇所に対応する『雑阿含経』巻四九（『大正新脩大蔵経』二巻三五七頁下段～三五八頁上段）の記載による。

（10）玉城前掲論文［本章註（3）］。なお、『五分律』巻二には「母胎に入り已りて後四十九日に至れるを名けて似人と為し、此を過ぎ已れる後を尽く名けて人と為す」という記述がある（『大正新脩大蔵経』二二巻八頁中段）。この一節に従えば、人間存在は受精の四九日後から始まることになり、それまでは人間に似た存在ではあるが、人間そのものとはみなされていないことが窺われる。

(11) 教皇庁教理省(J・マシア、馬場真光訳)『生命のはじまりに関する教書―人間の生命のはじまりに対する尊重と生殖過程の尊厳に関する現代のいくつかの疑問に答えて―』(カトリック中央協議会、一九八七)二一頁。

(12) 一九七四年の教理聖省『堕胎に関する教理聖省の宣言』(カトリック中央協議会、一九七四)は、「卵子が受精した時から……新しい人間の生命である」と明言しながら、それは「霊魂が入れられる瞬間に関する論議から全く独立した、この永久に明白な事実」であると述べ(六頁)、「霊的魂が入れられる瞬間に関する問題をわざと避けて通る」(一四頁注一九)ものだった。これは、たとえ神の霊が吹き込まれていなくても、胎児の中にはその霊を要求する「初期の人間的生命が存在」することが生物学的に発見できるからであり、一九七四年の段階では、神の霊が肉体に吹き込まれるのがいつなのかについて、「学者たちの意見はまだ一致していな」かったためである(一四頁注一九)。

ところが、一九八七年の『生命のはじまりに関する教書』[本章註(11)]では、『堕胎に関する教理聖省の宣言』六頁から、先に引用した部分を含む数行の文章が忠実に引用されているにも関わらず、人間存在の始まりに関する議論は「霊魂が入れられる瞬間に関する論議から全く独立した」ものだという文言のみが削除されている(二〇頁)。このことは、カトリックが一九八七年の『生命のはじまりに関する教書』において、受精によって人間存在が始まる瞬間に、神の霊が肉体に吹き込まれることを正式に認めたことを示唆している。ただし、この点に関する同教書の表現はなおも婉曲的である。すなわち、そこでは「受精によって生じた接合子において、新しい個人の生物学上のアイデンティティーはすでに形成されているとされる」という「人間に関する生物科学の成果」を挙げた上で、次のように述べるにとどまっているのである。

「もちろん、いつ霊魂が宿るかということは経験による実験的データからだけでは示すことはできないが、にもかかわらず、受精卵についての科学的なこれらの結論は重要な示唆を与えているといえよう。それを踏まえたうえで理性に基づいて考えるならば、われわれは、人間の生命が初めに現れた瞬間から、そこに一つの人格の存在を見いだすことができる。」（二一〇～二一一頁、傍点引用者）

ちなみに、受精の際に神の霊魂が肉体に吹き込まれるという考え方を初めて公式に採用したのは、一八六九年のピウス九世の教令だったと考えられている。それ以前のカトリックの教義では、肉体への霊魂の注入は、男子の場合には受精の四〇日後、女子の場合にはそれよりも遅い時期に行われると考えられており、それまでは人間存在は成立していないと考えられていた。この点は、ロナルド・ドゥオーキン（水谷英夫、小島妙子訳）『ライフズ・ドミニオン―中絶と尊厳死そして個人の自由―』（信山社、一九九八）六二～七三頁による。

(13) ただし、プロテスタント諸派には、人間存在の始まりの時期に関する統一的な見解は存在しない。のみならず、人間存在は受精の瞬間に成立するのではなく、受精後しばらくの時間的経過の中で徐々に形成されていくという見解が多く見られるようである。

(14) 橳島次郎『先端医療のルール―人体利用はどこまで許されるのか―』（講談社現代新書、二〇〇一）八八～八九頁による。

(15) この一節は、日本産科婦人科学会において二〇〇二年に改定された「ヒト精子・卵子・受精卵を取り扱う研究に関する見解と、これに対する考え方」の中の「2―2　受精卵は2週間以内に限って、これを研究に用いることができる」に対する解説の一部である（http://www.

jsog.or.jp/about_us/view/html/kaikoku/H14_1.html　二〇〇七年一月現在）。

（16）もっとも、神から与えられた霊魂が吹き込まれる瞬間をめぐっては、カトリック自身の解釈が歴史的に変化していることに注意する必要がある（本章註（12）を参照）。つまり、人間存在は受精後十四日目に成立するという科学者達の立場は、現在のカトリックの教義よりも、むしろ十九世紀以前のそれを現代的に解釈し直したものだと言うこともできるのである。

（17）ただし、カトリックは初期の時代から一貫して中絶を認めていない。その理由は、たとえ受精直後の胎児に神の霊魂が吹き込まれていなくても、それが神によって授けられた生命であることに違いはなく、中絶は神が行う生命の創造に対する妨害とみなされたからである。ちなみに、この主張は、同教会が避妊に対しても否定的な立場をとる根拠とされている。

（18）例えば、アイルランドやブラジルでは人工妊娠中絶はほぼ全面的に禁止されている。それに対して、イタリアでは妊娠九〇日まで、フランスでは一〇週まで、スウェーデンでは十二週までの人工妊娠中絶が認められている。これらの国々で三カ月頃まで人工妊娠中絶が認められている根拠は、八週目頃に中枢神経が発生し、一〇週目頃までに原始的脊髄反射が起こり、さらに十二週目頃には脳の自発的活動が始まり、主要臓器の原形がほぼ形成されると考えられている点である。以上、葛生栄二郎、河見誠『新版いのちの法と倫理』（法律文化社、二〇〇〇）九一～九五頁、一一一頁を参考にした。

（19）宮田登『冠婚葬祭』（岩波新書、一九九九）五頁、五八頁。

（20）長尾龍一「死をいかに確定するか――「脳死・臓器移植」私見――」『脳死・尊厳死』（『季刊仏教』別冊四、法蔵館、一九九〇）七二～七三頁、小名木明宏「生命倫理をめぐる法」『ヒトの生命と人間の尊厳』（高橋隆雄編、熊本大学生命倫理研究会論集3、九州大学出版会、二〇〇二）一七〇～一七二頁を参考にした。

(21) パーソン論の概略と問題点については、例えば森岡正博『生命学への招待―バイオエシックスを超えて―』（勁草書房、一九八八）二〇九～二三八頁、加藤尚武、加茂直樹編『生命倫理学を学ぶ人のために』（世界思想社、一九九八）九七～一二八頁を参照。

(22) マイケル・トゥーリー（森岡正博訳）「嬰児は人格を持つか」『バイオエシックスの基礎―欧米の「生命倫理」論―』（加藤尚武、飯田亘之編、東海大学出版会、一九八八）。

(23) H・トリストラム・エンゲルハート（久保田顕二訳）「医学における人格の概念」『バイオエシックスの基礎―欧米の「生命倫理」論―』（加藤尚武、飯田亘之編、東海大学出版会、一九八八）二六～三〇頁。

(24) ローランド・プチェッティ（片桐茂博訳）「〈ひと〉のいのち」『バイオエシックスの基礎―欧米の「生命倫理」論―』（加藤尚武、飯田亘之編、東海大学出版会、一九八八）。

(25) 民俗儀礼については、主に宮田前掲書［本章註（19）］、倉石あつ子、小松和彦、宮田登編『人生儀礼事典』（小学館、二〇〇〇）を参考にした。

(26) 千葉徳爾、大津忠男『間引きと水子―子育てのフォークロア―』（農山漁村文化協会、一九八三）九一～九三頁、二〇七頁によれば、昭和十三年の段階で、乳幼児の死亡率は五割に近かったとのことである。また、茨城県真壁市中村では、大正元年から同一〇年までに生まれた子供の中で、五五％が初誕生日までに死亡し、七〇～八〇％が七、八歳までに死亡していたとのことである。

(27) このことを、宮田登氏は次のように述べている。「成人式は、この世に生をうけた者が、それまで不安定な状態にあった霊魂を安定させることを大きな目標としている。霊魂の安定化は、肉体的に一人前となったことと軌を一にするのである。」（宮田前掲書［本章註（19）］九七頁）。ここで言う「霊魂」とは、我々が通常「たましい」と呼んでいる存在である。しかし、折口信夫氏によれば、元来それは「たま」と呼ばれており、「たましい」はその「たま」の作用であった。この「たま」は「いつでも、外からやって來て肉體に宿る」内在的存在、すなわち魂魄であり、「たましい」は、その「たま」があくがれ出たもの、及び、「たま」が外界を見聞することで生じる「智慧・才能の根源」、すなわち「活用する力・生きる力」を意味していたと推測している（「原始信仰」、「靈魂」『折口信夫全集第二〇巻』折口博士記念古代研究所編、中央公論社、一九六七、一九六～二一〇頁、二一一～二一六頁による。）この見解を参考にすれば、霊魂が安定することと、肉体的に一人前になることは表裏一体であることが理解できるであろう。

第四節

（28）この現象は、一般に「アポトーシス（apoptosis）」と呼ばれるものである。

（29）ただし、末木文美士、前川健一「妊娠中絶と水子供養」『死生観と生命倫理』（関根清三編、東京大学出版会、一九九九）は、「水子供養との関連で日本人の胎児観を見るとき、特徴的なのは、「胎児は人間である」という命題を否定することが、妊娠中絶の合法性を主張する人々の間ですら、慎重に避けられて」いること（一八八頁）、及び「日本では胎児の人間性を否定する言説が優位を占めたことは実際上な」かったこと（一八〇頁）を指摘している。

（30）H・トリストラム・エンゲルハート（酒井明夫訳）「死の定義をめぐって」『医学哲学医学倫理』八（一九九〇）一一八頁、一二四～一二五頁は、「高次の脳中枢」が「知感の働きや知的能力にとっての必要条件」であると定義づけた上で、「そうした身体的条件（すなわち一連の脳の高次の中枢）が破壊された場合、その人格的存在はもはや世界内に実在していない（すなわち死がもたらされた）ということになるでしょう」と述べ、その一例として、持続的な植物状態に陥った人の実例を挙げている。一方、プチェッティ前掲論文［本章註（24）］四五頁も、大脳皮質が死んだ時に人格としての生命は終わると述べている。したがって、その中には重度の植物状態も含まれると理解され得る。

（31）「臓器の移植に関する法律」が制定されるまで、我が国の従来の法律の中には死の定義に関わる明文規定は一切存在しなかった。これは、三徴候死による死の判定が、一般には我が国の慣習法だと理解されてきたため、もしくは、死の判定は純粋に医学的問題であり、法学はそれを尊重し、追認すべきだと考えられてきたためである（葛生、河見前掲書［本章註（18）］二二二頁）。なお、現在我が国においては、死亡の届出の際に死亡診断書、または死体検案書を添付することが「戸籍法」（第八六条第二項）によって義務づけられており、医師はそれらの交付の請求があった際には、それを拒んではならないことが「医師法」（第一九条第二項）に規定されている。

（32）三木敏行「死の判定」『生と死Ⅱ』（木村尚三郎編、東京大学教養講座10、東京大学出版会、一九八四）一五五頁。

（33）中島みち『新々見えない死―脳死と臓器移植―』（文藝春秋、一九九四）。

（34）「臓器の移植に関する法律施行規則」（第二条第二項）による。なお、この判定基準は、一九八五年（昭和六〇年）に「脳死に関する研究班」が作成した「厚生省基準（竹内基準）」をもとにして制定された。竹内一夫『脳死とは何か―基本的な理解を深めるために―』（講談社ブルーバックス、一九八七）の中の七五～一〇六頁は、その研究班の班長を務めた著者による、この判定基準の一般向けの解説である。

(35) 『阿毘達磨倶舎論』巻五(『大正新脩大蔵経』二九巻二六頁上段)。なお、同記述は『雑阿含経』巻二一(『大正新脩大蔵経』二巻一五〇頁中段)の一節をうけたものである。

(36) 玉城前掲書[本章註(3)]。

(37) 例えば、創価学会生命倫理研究会、東洋哲学研究所編『生と死をめぐる生命倫理―脳死・臓器移植問題―』(第三文明社、一九九八)二八~二九頁。

(38) 主に唯識思想を論拠としながら、城福雅信「人の死とは何か―法相唯識思想における死の概念―」『印度学仏教学研究』四二(二)(一九九四)は脳死を人間の死と認めない立場を主張し、他方、梶山雄一「意識と身体」『脳死・尊厳死』(『季刊仏教』別冊四、法蔵館、一九九〇)、北塔光昇『仏教と脳死・臓器移植』(永田文昌堂、二〇〇一)六七~八九頁はそれを認める立場を表明している。

(39) 臓器移植の問題については第三章を参照されたい。

(40) 以上、水谷弘『脳死論―生きることと死ぬことの意味―』(草思社、一九八六)二三~二四頁、鯖田豊之『火葬の文化』(新潮社、一九九〇)一八四頁を参考にした。

(41) 鯖田前掲書[本章註(40)]一八四~一八六頁によれば、日本では明治十七年制定の「墓地及埋葬取締規則」以来、現在に至るまで死亡判定後二四時間以内の埋・火葬は禁じられている。ちなみに、埋・火葬の時期がイタリアやフランスでは死後二四時間以後、イギリスやフランスでは死後四八時間以後とされているが、「一般にヨーロッパでは埋・火葬の時期が日本よりおそいとみなしてさしつかえない」とのことである。ただし、病理解剖や司法解剖等は死亡判定から二四時間以内でも行われており、移植用の臓器の摘出は死亡判定の直後に開始されている。このように、埋・火葬の時期は世界的にも必ずしも厳密に遵守されているわけではない。

(42) 迫田朋子「理想の死とは何か—現代医療のなかで考える—」『大航海』三三（特集・現代医療最前線、新書館、二〇〇〇）四三〜四四頁を参考にした。

(43) 杉本健郎、杉本裕好、杉本千尋『着たかもしれない制服—わが子は脳死宣告。そのとき医師の私は……。—』（波書房、一九八六）や、柳田前掲書［本章註（5）］はそうした看取りの記録である。

(44) 佐藤智「在宅医療—生命倫理から考える—」『生命倫理学講義—医学・医療に何が問われているか—』（斎藤隆雄監修、神山有史編集、日本評論社、一九九八）二二〇〜二二三頁を参考にした。

(45) 波平恵美子『脳死・臓器移植・がん告知—死と医療の人類学—』（福武文庫、一九九〇）五五〜六四頁を参考にした。

(46) 波平恵美子氏は、戒名が授与されることによって「死者としての人格」が新たに獲得されると述べている（「脳死臓器移植論議に見られる日本人の「個人」の始まりと終わりについての考え方」『生命科学と倫理—21世紀のいのちを考える—』関西学院大学キリスト教と文化研究センター編、関西学院大学出版会、二〇〇一、一八五〜一八七頁）。

(47) 僧侶が出家の際に俗名を捨てて僧名に改めることも、元来は同じ意味を有していたはずである。と言うのも、出家することは、理念的にはこの世の存在であることを否定し、「死ぬ」ことを意味するからである。なお、戒名の問題については拙稿「戒名の問題点とその克服」『教化研修』四七（曹洞宗総合研究センター、二〇〇三）を参照されたい。

第二章「人間の尊厳」の仏教的解釈—空と縁起の立場から—

第一節「尊厳」とは何か

人間にとっての尊厳とは何か。近年、この問題が生命倫理の議論の中で繰り返されている。例えば、人間の胚を用いた実験は倫理上許されるのかという問題が提起される時、そこには常に、そもそも人間の胚に「人間の尊厳」を認めるべきかというもう一つの問題が付随する。あるいは、遺伝子治療の実施やクローン人間の産生は「人間の尊厳」に反する行為ではないかとか、人工妊娠中絶は「生命の尊厳」を侵す行為ではないかという問題がしばしば論じられている。

また、一九八〇年代から九〇年代にかけて、我が国では脳死を人間の死とみなし、脳死体から摘出した臓器を他者に移植すること（脳死移植）は、「人間の尊厳」、もしくは「生命の尊厳」に反しないのかという問題が論じられた。反対に、脳死状態の人を機械の力で生かし続けることの方が、その人の尊厳を侵す行為ではないかという意見も現れた。さらにさかのぼれば、耐え難い苦痛を伴う末期ガン患者や、長期間にわたって昏睡状態が続く遷延性植物状態の患者の治療を停止し、場合によっては、それらの患者の生命を人為的に奪う行為は「人間の尊厳」、もしくは「生命の尊厳」に反するものなのかという議論が、戦後間もない時期から続けられてきた。いわゆる安楽死や尊厳死の是非をめぐる議論である。

ところが、ここで一つの問題が浮上する。すなわち、「人間の尊厳」とか「生命の尊厳」とはいかなるものかということである。実のところ、この「尊厳」という言葉が表す内容について、我が国では明確な合意が存在しない。のみならず、人間にとっての尊厳の概念は、元来キリスト教思想にもとづいて生み出されたものである。それにも関わらず、我が国ではそうしたキリスト教的な要素を排除して、「尊厳」という語を単に「とうとくおごそかで、おかしがたいこと」(1)という字義通りの意味で用いているのみである。それ故、このままの状態では尊厳という概念を、人間の生と死を語るためのキーワードとして使用することは困難である。

それならば、この言葉の使用を避ければよいという主張も一つの見識ではある。けれども、既に人間の生と死の問題を語る場面において、我が国でも「尊厳」という語が広く用いられている以上、その言葉を無視することも現実的ではない。しかも、たとえそれがキリスト教的な内容と異なるとは言え、我が国でも人間の中に「尊重すべき何か」を認めていないわけでは決してない。それならば、我々はその「尊重すべき何か」を「尊厳」という言葉で表現すればよいであろう。つまり、我々は「尊厳」という語を定義するにあたって、あえてキリスト教的、もしくは西洋的な定義にとらわれることなく、自分達になじみ易い概念に作り替えればよいのである。そのためには、仏教の思考法を参照することは不可欠である。と言うのも、我が国の文化や社会は表面的には多くの点で西洋化されているとは言え、人々の日常生活や考え方には無意識的ながらも、仏教思想の影響が今も色濃く投影されているからだ。

このような立場から、本章では人間にとっての尊厳とは何かということを、仏教的な視点から論究することにしたい。ただし、その考察を行うには、予め西洋的な尊厳の概念を俯瞰しておくことは有益であろう。そこで、第二節では尊厳の問題に関わりのある近年の我が国における幾つかの社会現象を分析した上で、人間にとっての尊厳の概念の系譜を、キリスト教信仰の立場と近代の思想家達の立場から概観し、そこに含まれている問題点を浮き彫りにしたい。その後、第三節で仏教的な視点から、人間にとっての尊厳の考究を行うことにしよう。議論を進める際の拠り所は、仏教の説く「空」と「縁起」の思想である。

この二つの思想をもとにして、人間存在に対する仏教の立場を明らかにしていこう。

第二節　西洋的な「尊厳」の解釈

(一)「尊厳」をめぐる周縁的問題

人間にとっての尊厳とは何か。この問題の直接的な考察を行う前に、まずは一九八〇年代後半から九〇年代にかけて、我が国で起った幾つかの興味深い出来事を概観しよう。

一つ目は、一九八八年（昭和六三年）に『人は死ねばゴミになる』という書籍が社会の耳目を集めたことである。その理由は、同書がロッキード事件の捜査を指揮し、後に検事総長を勤めた伊藤栄樹氏によるガンの闘病記であったことにもあるが、何よりも、その書名自体のインパクトの強さにあったことは否定できない。そして、「人は、死んだ瞬間、ただの物質、つまりホコリと同じようなものになってしまうのだと思う」という著者の意見は[2]、たとえその背後に深遠な人生哲学が控えていたとしても、人間にとっての尊厳は生きている間だけのものであり、死者、もしくは死体にはいかなる尊厳も認められないという立場を明確にしたものとして、社会に衝撃を与えたのである。

その翌年、一九八九年（平成元年）には解剖学者の養老孟司氏による『唯脳論』が上梓され、読書界で大きな反響を呼んだ。「ヒトの作り出すものは、ヒトの脳の投射である」(3)と説く著者は、「心」は脳の機能にすぎず、社会や文明は脳の機能が生み出したものにすぎないと主張する。しかも、我が国ではこの「脳の機能」のみを重視するあまり、脳に対置されるべき「生命すなわち身体」は抑圧され、軽視されることになった。そして、その傾向は今日ますます強められているという。こうして見ると、同書は脳こそが自己の尊厳の拠り所であり、身体は単なる付属物にすぎないという思想を説くものではない。けれども、「唯脳論」という書名自体が、著者の意に反してそのような印象を与える力をもっていたことは否定し難い。

三つ目の出来事は、一九九六年（平成八年）以降、「人体の不思議展」という展覧会が各地で巡回開催されたことである。この展覧会は、人間の死体を特殊な溶液で加工し、それを輪切りにしたり、特定の部位のみを取り出したりして一般に公開するものである。したがって、従来であれば医学関係者しか触れる機会のなかった人間の身体の標本を、公衆の面前にさらしたものだと言ってもよい。しかも、観衆の多くは展示会場の明るいディスプレーにも助けられて、本物の死体が目の前に置かれているという実感を抱くこともなく、談笑しながら「展示物」の前を通り過ぎていく。それ故、身体そのものにも尊厳が宿っているという考え方が支配的だった時代には、おそらく開催することは認められなかったものであろう。そのような展覧会が、さしたる議論を惹起することなく開催されたこと自体に、人々の意識の変化を読み取ることも不可能ではない(4)。

さて、ここに挙げた三つの出来事は、いずれも共通の思考様式にもとづくものである。すなわち、人間の尊厳は脳に宿っており、脳が機能している限り、人間には尊厳が存在するという考え方である。反対に、脳が機能を失えば、人間の身体は単なる「モノ」と化してしまい、そこにはいかなる尊厳も存在しない。そうだとすれば、脳死状態の人の身体は単なる「モノ」にすぎず、そこから臓器を摘出しても、その人の尊厳を侵すことにはならない。こうして、脳死移植の理念が導かれることになるのである。

この考え方を社会に広く知らしめたのは、一九九一年（平成三年）に梅原猛氏が発表し、脳死をめぐるその後の論議に重大な影響を及ぼした有名な論文、「脳死・ソクラテスの徒は反対する」であった。梅原氏はその論文の中で、脳死を人間の死と認める考え方の淵源をデカルト哲学に求め、次のように論じている。

「精神の性質は思惟することであり、物質の性質は延長することであると彼（引用者注、デカルト）は考えた。とすると、人間は、一方で思惟するものである限り精神であるが、他の一方で人間の身体は物質と変わらないものとなる。……思惟こそ人間が人間であるしるしであるとしたら、全く思惟の能力を失った脳死の人は当然死者でなくてはならないことになる(5)」。

ただし、梅原氏は人間を精神と身体に分離して捉えるデカルト哲学に叛旗を翻し、そのような思想にもとづいて、脳死を人間の死とみなすことにも反対した。ところが、脳死を人間の死と認めることに合意した立花隆氏は、既に一九八七年（昭和六二年）に発表していた論文の中で、梅原氏と同じ論理にもとづく次のような主張を行っていたのである。

「なぜ脳の器質死は人の死か。脳が人間の最終的アイデンティティの座であるからである。脳が器質死すなわち生物学的に死んでしまったときには、その人のアイデンティティの座が最終的に永遠に失われたということだから、それをその人の死とみなしてよいと思う(6)。」

結局のところ、梅原氏と立花氏との間で脳死を人間の死と認めることの是非をめぐって意見が分かれたのは、立花氏が端的に述べているように、「脳が人間の最終的アイデンティティの座である」ことを認めるか否かにかかっていた。言い換えれば、脳の中にこそ、思惟、理性、魂等と表現される人間の本質が宿っているのだから、脳の生理現象が消失すれば、その瞬間に人間は死ぬことになるという理論を認めるか否かという点に、両者の根本的な違いが存在したのである(7)。その後、我が国では脳死移植の推進を目指す人々、つまり、脳死を人間の死と認める立場の論者達が、マスコミ等を通じて立花氏と同じ主張を声高に繰り返した。それによって、脳こそが人間のアイデンティティの座であるという考え方が、次第に一般の人々の間にも定着していったのである[8]。

そうだとすれば、先に挙げた三つの出来事が、一九八〇年代後半から九〇年代にかけて一斉に現れたことは偶然の所産ではない。この時期こそは、脳死を人間の死とみなし、脳死移植の法制化を目指すキャンペーンが大々的に繰り広げられていた時期であった。それ故、上記の三つの出来事は、脳死と臓器移植の問題が社会の関心を集めている中で、その時流に棹さす形で登場し、その勢いをさらに強める役割を果たしたと言うことができるのである。

(二) カトリックにおける二つの「尊厳」

では次に、脳にこそ人間の尊厳が宿るという考え方の思想的な淵源を探ることにしよう。ただし、この「尊厳」の概念は、厳密には「生命の尊厳(Sanctity of Life)」と「人間の尊厳(Dignity of Human Being)」とに分けて考えなければならない。そして、そのいずれもが、元来はキリスト教的要素の強い概念である。

まずはじめに、「生命の尊厳(神聖性、Sanctity)」から見ていこう。この概念はキリスト教、とりわけカトリックの伝統の中で、「人間生命は創造者である神に属し、その完全な支配者は神であり、人間には委託された貴重な賜物としてこれを正しく用いて生きることが求められている」という意味で理解されてきた[9]。すなわち、人間の生命には神の意志にもとづく神聖不可侵性が宿っている。それ故、人間の生命はいかなる条件の下でも守られるべきであり、絶対にそれを害してはならないという理念がそこから導かれる。

ただし、人間の身体そのものの中に「生命の尊厳」はない。尊厳は身体と結び付いた精神的存在、すなわち「人格」に属しているのであり、この人格こそが神から人間に委託された賜物なのである。一方、身体は人格に従属し、人格が自己実現を図るための手段として有益である限りにおいてのみ尊厳をもち得る[10]。それ故、身体の中に仮に生命現象が認められるとしても、それが人格と結び付いていなければ、他の物質的諸存在と同じく尊厳を持たない。この考え方は、先に梅原氏の論文を通して確認したデカルト哲学のそれと基本的には同じものである。

そして、このような主張の論拠は、神による人間（アダム）の創造を伝える「創世記」の次の一節に求められる。

「主なる神は土のちりで人を造り、命の息をその鼻に吹きいれられた。そこで人は生きた者となった[11]。」

神は土の塊で人間の身体を造り、その中に「命の息」、すなわち霊魂を付与することで生きた人間を生み出した。この霊魂が人格である。今日、カトリックでは受精の瞬間に身体と霊魂、すなわち人格とが結び付くことで、一人の人間が成立すると説いている(12)。したがって、「生命の尊厳」は受精の瞬間から発生し、身体から霊魂が分離する死の瞬間まで継続する。同様に、身体は個人の死によってその尊厳を失うことになるのである。

とは言え、このようなカトリックの教義にもとづく場合、「生命の尊厳」の根拠となる人格は、具体的にいかなる概念なのかという問題が残らざるを得ない。また、植物状態の患者のように、精神の存在が外部から窺い知れない場合、その患者にも「生命の尊厳」は認められるのか。さらに、脳死状態の人間、言い方を変えれば、精神の欠如が明らかな者にも「生命の尊厳」は認められるのかという問題も発生する。もしもこのいずれの場合にも「生命の尊厳」は認められないとすれば、前者は安楽死（尊厳死）を容認する根拠となり、後者は脳死を人間の死とみなす論拠となるのである。

では次に、「人間の尊厳（Dignity）」を考えてみよう。この尊厳も神から人間に委託された人格にもとづいており、それが今日では次のように説明されている。

「人間の尊厳は他人から与えられるというようなものではありません。それは、すべての人間は神の似姿として、直接神によって創られ、彼と共に永遠に生きるように定められているという事実に由来しているのです(13)。」

この一節から窺われるように、カトリックにおける「人間の尊厳」には二つの要素が含まれている。[14] 一つは、人間が「神の似姿」として創られたことである。このことは同時に、神が人間に対して地上の世界の支配権を委ねていることを示している。[15] その典拠は「創世記」の次の一節に求められる。

「神はまた言われた、「われわれのかたちに、われわれにかたどって人を造り、これに海の魚と、空の鳥と、家畜と、地のすべての獣と、地のすべての這うものとを治めさせよう」。[16]」

「人間の尊厳」のもう一つの要素は、人間が神とともに生きることを定められた存在だということである。ここには二つの意味が込められている。一つは、神が自らのひとり子であるイエスを人間とすることで、神自身とすべての人間とを一致させたこと、もう一つは、イエス・キリストの死と復活によって、神の生命がキリストを通してすべての人間に与えられたことである。ここで言う「神の生命」とは、自らを犠牲にしても他者を愛する力を意味する。つまり、人間はこの愛を獲得することで、人間の真の尊厳を有することになるのである。[17]

さて、人間はこの二つの要素を有する人格を神から与えられ、それによって他のあらゆる動物とは異なる存在となった。こうして、人間のみに認められる「尊厳（Dignity）」が生じるのである。また、それ故にこそ、人間の生命や自由、名誉等を不当に奪ったり傷つけたりすることは、「人間の尊厳」を侵すことになると考えられているのである。

とは言え、カトリックの教義に従えば、「生命の尊厳」と「人間の尊厳」は、いずれも神から与えられた人格に基盤を置いている。それ故、この二つの概念は、必ずしも明確に区分されるものではないのかも知れない。

(三) 二つの「尊厳」の解釈の変遷

キリスト教の信仰にもとづいて生み出された「生命の尊厳」と「人間の尊厳」は、やがて世俗的な倫理に応用されて、様々な解釈を加えられることになった。さらに、医療や社会政策の現場において、これらの概念は修正を余儀なくされる場面に遭遇した。また、特定の宗教思想に立脚した概念は、価値観の多元化の進む現代世界では普遍的な倫理とはなり得ないという批判も提起された。そのために、近年ではこれらの尊厳に対して、新たな解釈を目指す動きも出始めている。その一端を素描してみよう。

まず「生命の尊厳」は、一般社会における倫理として、①正当防衛等を除き、人為的に人間の生命を奪ってはならない、②あらゆる人間の生命は無条件に尊いものである、③あらゆる人間の生命は平等の価値を有しており、他者の生命とは代替不能であるという三つの原則を生み出した[18]。特に医療関係者の間では、頼まれても致死薬は与えず、患者の福祉のために全力を尽くし、あらゆる患者を平等に扱うこと等を説く「ヒポクラテスの誓い[19]」として、この倫理は現在も尊重されている。また、自殺は自分自身と共同体と、生命を付与した神に反する行為として禁じられることになった[20]。それ故、自ら安楽死を選択したり、他者の安楽死の幇助を行うことは、「生命の尊厳」の故に絶対に否定されるべき行為とみなされたのである。

ところが、医療の現場では、末期患者の苦しみを取り除くため、あるいは植物状態の患者に「尊厳ある死」を迎えさせるために、安楽死の実行を認めるべきだという主張が現れた。その論拠になったのが「生命の質（Quality of Life）」の概念である[21]。これは、人間が「いかに望ましい状態で生きているか」を問題とするものであり、それぞれの生命に「質」の優劣を認める考え方である。例えば末期ガンや植物状態の人間の生命を健常者のそれと比べた場合、前者の「生命の質」は後者より劣ったものとみなされる。そして、この「質」が極端に劣悪な場合には、安楽死を認めてもよいという主張を導くことになる。その結果、「生命の尊厳」と「生命の質」は厳しく対立する場面が生じるようになった[22]。

この対立を解消するために、例えばカイザーリンク氏は人間の生命を「生物学的生命」と「人格的生命」とに区分し、医療現場では新陳代謝を行うだけの前者ではなく、他者との人格的な交わりを行う後者にこそ「生命の尊厳」を認めるべきだと主張した。つまり、彼は「生命の尊厳」を「生命の質」に接近させる形で両者の調和を図ったのである。[23]

また、これとは別に、キリスト教思想にもとづく「生命の尊厳」自体の無効性を主張した者もいる。例えばシンガー氏は、「生命の質」による差別を認めないことの非現実性や、あらゆる生命の中で人間のみの優越を主張することの傲慢さを指摘する。さらに彼は、自己意識を持たない人間の生命は、条件によっては奪うことも許容されると主張した。[24] こうしたカイザーリンク氏やシンガー氏の主張は、後に改めて論ずる「パーソン論」に属するものである。

一方、「生命の尊厳」を宗教的な価値観から解放することを目指したのがドゥオーキン氏である。[25] 彼はこの尊厳の根拠を人格の存在ではなく、その生命が生まれ、成長する過程で支払われた「自然と人間の投資努力」にあると主張した。すなわち、その生命を準備した自然と、生命を養育する親と、自らの人生を切り開く子供自身の投資の蓄積こそが、生命に尊厳を与えるのである。それ故、生命が失われた時の悲嘆は、あたかも芸術作品が失われた時と同様に、それらの投資が無に帰することによって生ずるのだと論じている。彼の見解に従えば、投資の多少によって生命の尊厳に差が生ずることになる。これは「生命の質」を認める主張と言えなくもない。けれども、彼の主張は「生命の尊厳」を固定的に捉えるのではなく、それを周囲の自然や他の人々との関係性の中に見出した点に、注目すべき意義が認められるのである。[26]

　では次に、「人間の尊厳」について見てみよう。この尊厳をめぐっては、キリスト教の中で尊厳の基盤とされた人格を、神との関係から引き離して再解釈することが焦点となった。そうした尊厳の世俗化、近代化において、大きな役割を果たしたのがカントである。

　カントは、取引の対象とはなり得ないものの価値、誰からも単に手段として使用されることはできず、常に目的として使用されなければならないものの価値を「尊厳」と呼ぶ。そして、そのような尊厳は人格に内在すると説いている。[27] カントによれば、人格とは常に目的としてのみ使用されるべきものであり、先天的な理性的存在者である。[28] そして、この人格には人間性が内在しており、[29]「人間性の尊厳」は道徳的法則を自ら創造し、それに従って自ら行為を行う能力、言い換えれば、道徳性の最高原理たる意志の自律において成立するという。[30] つまり、カントの説く人格の中の人間性の尊厳は、理性的な行為者のみが保持しているものであり、それは意志の自律を根拠としていると言うことができるのである。[31] ただし、カントは理性が成立するための究極的な拠り所として、最終的には神の存在を要請した。[32] その意味で、彼の思想は完全には世俗化を達成していないのである。

　ところで、「人間の尊厳」の概念は、二〇世紀に入ってから一九三七年にアイルランドの憲法に明記された後、一九四五年の国連憲章、一九四八年の世界人権宣言、一九四九年の西ドイツの共和国基本法に取り入れられた。その後も各国の国内法等に採用されるとともに、ローマ教皇の公文書でも度々言及されており、[33]「現代世界の最高の価値として位置づけられている概念[34]」となっていく。

だが、それにも関わらず、今日この概念によって表されている内容は必ずしも明確ではない。[35]それどころか、この概念の意味はそれを使用する論者によって異なっており、生命倫理に関する議論では、「人間の尊厳」の解釈をめぐって混乱が生じていると言っても過言ではない。[36]さらに、「人間の尊厳」はあることを「してはならない」という消極的な形でしか機能し得ないという指摘や、[37]人々の死生観に応じて、それは時代とともに変化するという指摘もある。[38]

こうした様々な問題を生み出す最大の要因は、そもそも「人間」とは何かについての明確な定義づけが難しいことにある。例えば、人間の胚は人間の遺伝子情報を備えているという点では「人間」である。けれども、未だ一人の人間としての姿を現していない胚が、法律的に「人間」として扱われることはない。それ故、「人間」という語の指示対象が異なれば、「人間の尊厳」の内容もおのずから変化せざるを得ないのである。そこで、「人間」の範疇を固定しようとする試みも行われている。

その一つが「パーソン論」と呼ばれる見解である。[39] これは、後天的に獲得される自己意識を持つことが「人格（パーソン）」の条件であり、人格こそが生命権の主体となり得る。それ故、自己意識のない者は人格ではなく、単なる「モノ」にすぎない。したがって、そのような者の生命を奪うことは、条件によっては許容されるという考え方である。この考え方にもとづいて、トゥーリー氏は自己意識を持ち得ない胎児や新生児の殺害を容認した。[40] さらに、この原則を厳格に適用し、「高度の自己意識を持つこと」を人格の条件に掲げると、幼児や重度の精神障害者、老人性認知症患者、植物状態の患者等も生命権の主体ではなくなってしまう。そこで、例えばエンゲルハート氏は自己意識を持つ者を「厳密な意味での人格」と呼ぶ一方で、これらの人格と何らかのコミュニケーションをとることができる者を「社会的な意味での人格」と規定し、彼らにも生命権を与えることを試みた。[41] だが、たとえそのような変更を加えたとしても、パーソン論ではなおも人格として認められない人間が残ってしまう。すなわち、パーソン論の説く「人格」と、我々が感覚的に捉える「人間」とは、どこまで行っても完全には一致しないのである。

さて、以上瞥見したように、「生命の尊厳」をめぐる議論では、「生命の質」との対立をいかにして解消するかという問題と、尊厳の根拠をキリスト教信仰から引き離し、いかにして普遍性をもたせるかという問題とが大きな焦点になった。一方、「人間の尊厳」をめぐっては、そもそも尊厳の付随すべき「人間」とは何かという問題が議論の中心を占めることになった。

けれども、このような議論の進め方そのものに、果たして問題はないのであろうか。のみならず、二つの尊厳をめぐる従来の議論は、一般の人々が「人間」や「尊厳」に対して日常的に抱く感覚から、あまりにも隔たっていると言えないだろうか。同時に、これまでの議論から導かれる「生命の尊厳」や「人間の尊厳」の解釈は、今日の世界で人間を取り巻く様々な問題に対応し得るものであろうか。もしもそれが十分にできていないとすれば、問題はどこにあるのか。次に、そのことを探ってみることにしたい。

(四)「尊厳」をめぐる従来の議論の限界

「生命の尊厳」と「人間の尊厳」をめぐる従来の議論に対して、私は少なくとも三つの特徴を指摘できると考える。すなわち、①人間、もしくは人間の生命の本質として人格を偏重する姿勢、②周囲との関係性を軽視し、「個」に閉塞した状態での人間把握、③既に死亡した人間や将来生まれる人間を視野に入れず、現在「生きている」人間のみに対象を限定した人間観の三点である。そして、これらの問題点は、浜野研三氏がパーソン論的な視座に対して指摘した次の三つの問題点とそれぞれ重なり合うように思われる。すなわち、

①精神と肉体を分離し、前者の優位を受け入れる悪しき二元論的人間理解、②人間を他の様々な存在とのつながりの下に見ない原子論的人間理解、③それに必然的に伴う、他の様々な存在とのつながりの中で、変化し続ける人間の動的なあり方を無視した静的な人間理解の三つである[42]。ここでは、私が指摘した三つの特徴の具体的な内容と、浜野氏の挙げた問題点とをあわせて考えることにしよう。

第一の特徴は、人格を偏重する姿勢である。西洋の議論ではカトリックの伝統を引き継いで、基本的には「生命の尊厳」と「人間の尊厳」を人格に帰属するものとして捉えている。しかも、人格を実体視することで、その有無が人間存在の成立自体に関わるという原則を主張している[43]。

だが、「生命の尊厳」をめぐる議論では、この人格の意味を問うよりも、むしろ、人間の生命は絶対に保証されなければならないという生命至上主義へ突き進んだ。ところが、それに対する反動として「生命の質」の概念が登場すると、「生命の尊厳」と「生命の質」をいかにして両立させるのかという新たな問題を生み出したのである。

一方、「人間の尊厳」の議論では、常に人間の本質としての「人格」の定義づけが問題になった。カトリックの立場ではそれを神から付与された霊魂とみなしたのに対して、カントは先天的な理性的行為者における意志の自立、パーソン論では後天的な自己意識をそれぞれ人格の根拠として措定した。ただし、いずれの立場に拠るのであれ、ある人間の中に人格の存在を確認するためには、その者の中に何らかの精神作用が保たれていることを、外部から確認できなければならない[44]。それが不可能な場合、条件によってはその人間の生命は保証されないこともあり得るという主張が存在する[45]。のみならず、人間を人格の有無によって「人間」と「モノ」とに区分する二分法も現れた[46]。

そして、このような考え方が、人間の精神作用は脳の働きによるという近年の脳科学の研究成果と結び付いた結果、精神作用の存在によって確証される人格の座位は、脳に他ならないという考え方が成立した。つまり、人格の存在によって「人間の尊厳」を認める立場は、人間の脳にその尊厳が宿るという見解を生み出すに至る。しかも、その見解の延長上には、脳以外の身体、もしくは諸器官には価値を認めない思想が現れてくる。それ故、人格偏重の思想は、精神と肉体を分離し、精神の優位を主張する二元論的人間理解と表裏一体のものだと言うことができるのである。

第二の特徴は、「個」に閉塞した人間把握である。この点は、第一の特徴から必然的に導かれるものである。と言うのも、「人間」の成立を人格の有無によって判断する視点は、一人の人間の内部に「人間」の成立根拠を探るものであり、他の人間や周囲の環境とのつながりを無視したものだからである。

もちろん、ある人間の中に人格、もしくはその根拠となる精神作用の存在を外部から確認するのは他の人間である。けれども、その者はあくまで当該の人間の中に人格があるか否かを判定するのみであり、その人間の人格が成立する上で積極的な役割を負っているわけではない。

また、人格中心主義の源流となったカトリックの立場では、先にも述べたように、人間は自らを犠牲にしても他者を愛する力を有することで、真の尊厳を獲得すると説いている(47)。したがって、カトリックにおいても他者とのつながりを軽視しているわけではない。けれども、このような人間相互のつながりはあくまで二次的なものであり、中心は人格を付与する神と人間との間における一対一の「個」的な関係にある。さらにこのような考え方は、人間相互の関係が成り立つためには、予め個々の人間が人格を有していることが前提になると主張するパーソン論にも継承されている。つまり、人格中心主義的な人間理解は、本質的に人間を「個」的な存在として捉える思想を基盤としたものなのである。

第三の特徴は、その対象が「生きている」人間のみに限定されることである。無論、「生命の尊厳」が「生きている」者のみを対象とすることは言うまでもない。しかし、「人間の尊厳」も人格にもとづいて成立するとみなされた結果、人格を持たない者、すなわち、現在「生きていない」者を見つめる視点は失われることになった。

確かに、死を前にした人間が「尊厳ある死」を願う時、ここで語られる「尊厳」は「人間の尊厳」である。その意味で、「人間の尊厳は「生」と「死」の両方向にかかわる」と言うことは可能である。[48] けれども、ある人間が「尊厳ある死」を願う時、その者の中には今だ精神作用からなる人格は保たれており、その者はなおも「生きている」。つまり、「個」的な人間把握を行う限り、そこで考えられるのは、その人が生きて意識を保っている間の尊厳でしかあり得ないのである。

また、このような観点においては、今この瞬間の精神作用こそが、今この瞬間の人格を支えているということになる。そうだとすれば、ここで語られる「人間の尊厳」は、まさに今「生きている」者が、今この瞬間に保持している人格によって支えられた瞬間的な尊厳ということになる。つまり、時間の流れの中で経験される人間の動的なあり方を無視した静的な人間観が、このような人格と「人間の尊厳」の理解を支えているのである。

ちなみに、今日の我が国において、「人間の尊厳」が「生きている」人間だけを対象として語られるのは、この概念をめぐる議論が主に生命倫理の分野で行われていることとも無関係ではないだろう。すなわち、今「生きている」患者の尊厳を守りながら治療を進めることが至上命題である医療の現場においては、当然「人間の尊厳」も「生きている」人間を中心に考えざるを得ないのである。

しかし、これらの概念は医学の分野に限って用いられるものではない。そもそも「人間」には現在「生きている」者だけではなく、過去に「生きていた」者や、将来「生きるであろう」者も含まれている。のみならず、「人間」という言葉は個々の人間だけではなく、人類という種全体を指示することもあり得るのである。その場合、「人間の尊厳」はより総合的な視点から捉え直される必要があるだろう。例えば環境問題を取り上げる際には、はるか未来に「生きるであろう」人間が、「人間の尊厳」をもって生きることのできる環境を残すことが課題になる。そのような場において、今「生きている」人間のみを対象とした尊厳の概念では不十分だと言わざるを得ないのである。

このように、尊厳をめぐる従来の解釈には幾つもの問題点が存在する。それならば、これまでの議論で明らかにされた問題点を手掛かりとしながら、従来とは異なる尊厳のあり方を樹立することは可能であろうか。我々はここでキリスト教的な思潮から離れ、今度は仏教的な視点にもとづいて、人間にとっての尊厳を考察することにしよう。

第三節　仏教的な「尊厳」の解釈

㈠「人格」と「生命」の非存在

人間にとっての尊厳とは何か。仏教的立場からこの問題を考究するにあたり、まずは従来の固定観念を打ち壊すことから始めよう。そのための手がかりとなるのが「空《くう》」と「縁起」の思想である。あえて一言でまとめれば、「空」とは、あらゆるものの中に固定的な実体の存在を認めないという思想である。一方、「縁起」とは、そのような実体を伴わないすべてのものは、常に一定の姿で留まることができず、他者との相互関係によって絶えず変化していくという思想である。(49) したがって、「空」と「縁起」の思想は、互いに表裏一体の関係にあると言うことができるのである。

さて、既に述べてきたように、キリスト教やその影響下にある西洋の諸思想では、いずれも人間の生命の拠り所として人格の存在を説いてきた。しかも、この人格をどのように理解する場合でも、人格は常に「存在するもの」として実体的に捉えられてきた。

これに対して、仏教は本来的に「空」、もしくは「無我」の原則を標榜している。これは自我の本質ともいうべき実体的なアートマン（我）の存在を認めない立場である。しかも、仏教の思想に従えば、人間は色《しき》、受《じゅ》、想《そう》、行《ぎょう》、識《しき》の五蘊《ごうん》、もしくは、地、水、火、風の四大が仮に結びつくこと（仮和合《けわごう》）で成立しているに過ぎない。それ故、人間の中に人格という実体的なものを想定することはできないのである[50]。

　そうだとすれば、身体と人格とが結びついた時に人間の生命は成立するという考え方は、仏教では認められないことになる。のみならず、生命を実体的に捉える視点もそこでは成り立たない。そもそも生命というものが人間の身体から離れて単独で存在しているわけではないし、具体的に何らかの形をもって成立しているわけでもない[51]。生命は「空」なる存在なのである。この点は、人間の生命の本源を神の息という具体的なものに還元し得るキリスト教とは根本的に立場を異にしている。

　あえて極言すれば、仏教において「生命」は存在しない。あるのはただ、そこに一人の人間が「生きている」という事実、あるいは、生命現象を伴う人間が存在するという事実である。人々はその事実を仮に説明（仮説《けせつ》）するために、比喩的に「生命がある」という表現を用いているにすぎない。したがって、そのような修辞に惑わされて実体としての「生命」の存在を主張することは、仏教の基本的な立場から逸脱していると言わざるを得ないのである。

　そして、これと同じことは「死」に関してもあてはまる。「死」という言葉は、人間の身体から生命現象が失われたことを仮に説明（仮説《けせつ》）するために用いられた修辞である。もちろん、ある人が今「死につつある」という現象や、生命現象を失った「死体」、あるいはその死体に対する医学的判定としての「死亡」という事態は存在する。けれども、生命の場合と同様に、「死」が人間の身体から離れて単独で存在することや、具体的な形をもって存在することはあり得ない。この点でも、「死」を死神と重ね合わせて実体視し、斧をもった骸骨がその具体的なイメージとして広く流布した西洋の伝統とは一線を画していると言えるだろう(52)。

このように、仏教思想においては「生」と「死」のいずれもが、単独で存在し得る実体的なものではなかった。それ故に、生と死を截然と区分することは不可能である。むしろ、生と死は一体のものであり、一人の人間が変化していく一連の過程である。人々は、それまで「生きている」と認められていた一人の人間が、次第に生命現象を失っていくことを「死につつある」と表現する。やがて、その者の死亡判定が医師によって行われたとしても、それは医学や法学という特定分野においてのみ意味をもつ「死亡」の確認に過ぎない。そのような判定が下された後も、人々はその「死体」の変化を窺い、その中に生命現象の残存、もしくはその完全な消失を見届けようと努力する。こうした作業は「死体」が火葬されることで、あらゆる生命現象が根絶するまで続けられるのである。したがって、ある人間の生から死への移行は、緩慢に進むというのが人々の直感的な把握であろう。そうだとすれば、生命の有無を時間軸上のある一点で区分することは、本来不可能なことである(53)。

　それ故、仏教では人間が「生きている」限りにおいて有効な「生命の尊厳」を積極的に説くことはできない。なぜならば、脳の機能の不可逆的な停止や、心拍と呼吸の停止等は、あくまで「死につつある」者の一つの通過点に過ぎないのであり、そうした特定の時点で「生命の尊厳」の消滅を宣言することはできないからである。のみならず、「生命」が実体として存在することを認めない仏教の立場では、それに依拠する「生命の尊厳」の存在を認めること自体が、論理的に不可能である。

　とは言え、人間が「生きている」ということを、仏教が尊重しないわけではまったくない。それどころか、仏教では「人身受け難し」と表現し、人間として生まれることの「かけがえのなさ」を説いてきた。また、大海を泳ぐ目の見えない亀が水面に顔を出した時、偶然そこに漂っている浮木の穴に頭を入れてしまうことは極めて稀なことだという「盲亀浮木」の譬えを用いて、人間として生まれることの希少性を語っている(54)。

　このように、仏教において人間の存在を「かけがえのないもの」と説くのは、決して人間が人格を保持しているからではない。そうではなくて、人間として生まれ、生き続けるための諸条件が整うことの難しさ、「有り難さ」の故である。そして、この考え方から導かれるのは、人間としての「生命の尊厳（神聖性）」ではなく、「人間の尊厳」である。つまり、仏教的観点に立つ場合、問題となるのは「人間の尊厳」であって「生命の尊厳」ではないと言うことができるのである。

さらに、仏教的な立場においては、この「人間の尊厳」が人間のどの部分に宿るのかという設問も意味をなさない。と言うのも、西洋の思想は人格の存在を認め、それを人間の精神と一体視することによって、「人間の尊厳」の座位を脳に求めた。けれども、仏教では人格の存在を否定する。のみならず、身心一如を説く仏教の立場にもとづけば、人間を身体と精神（心）とに分けて考える態度は否定される。まして、人間の身体を脳と他の部分とに分けて、そのいずれに「人間の尊厳」が宿るのかと問うことは、明らかに的外れな議論とならざるを得ないからである。

仮に、仏教的な観点を離れてみても、脳が身体の他の部分から切り離されたまま単独で機能することはあり得ない。反対に、脳の機能を失った状態で、身体の他の部分が生命活動を持続することは基本的には不可能である。このように、脳と身体内の他の部分は相互に依存し合う関係、言い換えれば縁起の理法によって成り立っている。どちらか一方を欠いても、人間としての生命活動を維持することはできないのである。それ故、人間存在を考える上で、脳と他の部分のいずれかを特に重視する視点は無意味であり、そのいずれの側に「人間の尊厳」が付随するのかという質問は、この点からも成立しないのである。
したがって、仏教の説く「人間の尊厳」は、人間存在の全体に関わるものだと言うことができる。さらに、それは一人の人間の中で完結するものではなく、周囲とのつながりを通して現れてくるものでもある。この点を次に考察することにしよう。

㈡ 縁起にもとづく人間観

仏教の立場では人格の存在を認めることができない。このことは、先に述べたように「空」の思想から帰結される。だが、それは輪廻の思想からも導かれることである。と言うのも、人間は六道輪廻の一環として、他の様々な生き物とともに永遠の生と死を繰り返している。その中で、人間として生まれるのは単に諸条件が重なったことによる偶然にすぎない。それ故、人間だけが他の生き物にはない人格を持っているとみなすことは不可能だからである。

もっとも、近年では輪廻の思想は非科学的であるとして、それを仏教思想の一部として説くことに反対する論者も多い。だが、たとえそうだとしても、仏教では人間と他の生き物とを等しく「生きとし生けるもの」とみなしており、人間のみに他のあらゆる生き物とは異なる優越性を認めない点では見解が一致している。それならば、仏教では「生き物の尊厳」を主張すべきであり、ことさらに「人間の尊厳」を説くべきではないという原則論が導かれることになるかも知れない。けれども、現実的な問題として、我々は人間を他の生き物と区別することによって日常の生活を送っている。したがって、ここでは原則論をひとまず措いて、「人間の尊厳」に議論を集中させることにしたい。

では、人間と他の生き物とを等しく見る仏教の立場から、人格の概念を利用することなく、他の生き物にはない「人間の尊厳」を導き出すことはできるのか[55]。ここで注目するのは、人間は一人では生きていないという事実、言い換えれば、人間は常に周囲の人々との関係性、つながりの中でしか生きられないという事実である。

例えば、我々は自分のアイデンティティは自らに固有のものであり、自らの中に存在すると考える。ところが、「私」の「私らしさ」とは、他者との相違点を明確にすることによって初めて成り立つものである。また、それは周囲の人々との関係を通して変化していくものでもある。さらに、「私らしさ」が周囲の人々に認知されていなければ、人々は「私」を見てもそれが「私」であるとは認識できないであろうし、それが突然激変すれば、人々はそれまでと同じように「私」と付き合うことは難しくなるであろう。すなわち、我々のアイデンティティは西洋における人格のように不変の実体ではない。それは「空」なる存在であるが故に、他者との相互関係からなる縁起によって常に変化し続け、他者に承認されることによって初めて意味を持つのである。[56]

だが、それだけではない。人間は一人で死ぬこともできない存在である。人間は自分自身の意識が消失する瞬間を知覚できないし、意識が消失して死亡が確定した後の自分を知覚することもできない。また、人間は自らの死亡の完了を自ら確認することはできないのであり、それを確認できるのは他者のみである。このことを、西谷修氏は「「私」は死ぬことができない」と表現する。[57]それ故、我々がたとえ「自分らしい死」や「尊厳ある死」を望んだとしても、それは他者にそのように思って欲しいという願望に過ぎないのである。

のみならず、死は決して個人に内属し、個人の身体内に閉塞しているものでもない。[58]そうではなくて、「死」は死にゆく者と看取る者との間における関係性から成り立っているのであり、ある人間が「死ぬこと」は「死」を形成する一つの要素にすぎない。小松美彦氏が「死は共鳴する」と表現したように、ある者が死ぬ場面では、死にゆく者が看取る者（遺される者）に何らかの影響を及ぼし、看取る者（遺される者）が死にゆく者に何らかの影響を及ぼさずにはいられない。だからこそ、一人の人間の死は、親しい人々にその後長期間にわたるかもしれない悲嘆を生じさせ、それ以外の人々にも、やがて自分の身の上に生ずるであろう死の運命を思い起こさせる。さらに、死者はその後何年経っても遺された者の中に記憶として生き続けることになる。[59]このように、死にゆく者と看取る者とが相互に響き会う関係も縁起である。そして、それが可能であるのは、死にゆく者と看取る者のそれぞれのアイデンティティが固定的なものではなく、外部からの働きかけによってどのようにも変化し得る「空」なる存在だからである。

以上のことから、人間は不変の人格を持たない「空」なる存在であり、生きている間も死にゆく時も、さらには死んだ後でさえ、常に他者との関わり合い、すなわち縁起の世界に生きていることが改めて明らかになるであろう[60]。このような人間観は、西洋の人間理解に関して指摘した二つ目の特徴、すなわち「個」に閉塞した人間把握の対極に位置している。そして、このような人間理解の方法こそが、仏教的な視点から「人間の尊厳」を考える上で重要な意味を持つことになるのである[61]。

(三)「そこに自分と同じ人間がいる」ことの意義

では、縁起の理法にもとづく「人間の尊厳」とはいかなるものであろうか。次にこの点を考えてみよう。

我々は、他者とのつながりの中で、互いに支え合い、互いに影響を与え合いながら生きていく。その際、我々は自分自身の生涯を「かけがえのないもの」として生きるためには、周囲の人々との関係を尊重しなければならない。言い換えれば、周囲の人々の生涯を、自分のそれと同じように「かけがえのないもの」として尊重する必要がある。そして、そのような態度は「そこに自分と同じ人間がいる」という思いによって支えられるものであろう。このことに関連して、釈尊にまつわる次のような逸話が残されている。

ある時、コーサラ国のパセーナディ王が王妃マッリカーとともに宮殿に登り、王妃に次のように尋ねた。「そなたには、自分よりももっと愛しい人が、だれかいるかね。」この問いに対して王妃は次のように答えた。「大王さま。わたくしには、自分よりももっと愛しい人はおりません。あなたにとっても、ご自分よりももっと愛しい人がおられますか。」この問いに王は次のように答えた。「マッリカーよ。わたしにとっても、自分よりもさらに愛しい他の人は存在しない。」王がこの会話を釈尊に報告すると、釈尊は次の詩を唱えて王に応えたという。

「どの方向に心でさがし求めてみても、自分よりもさらに愛しいものをどこにも見出さなかった。そのように、他の人々にとっても、それぞれの自己が愛しいのである。それ故に、自己を愛する人は、他人を害してはならない。[62]」

これと同じ教えは釈尊によってしばしば繰り返されている。

「『かれらもわたくしと同様であり、わたくしもかれらと同様である』と思って、わが身に引きくらべて、（生きものを）殺してはならぬ。また他人をして殺させてはならぬ[63]。」

「すべての者は暴力におびえる。すべての（生きもの）にとって生命は愛しい。己が身にひきくらべて、殺してはならぬ。殺さしめてはならぬ[64]。」

釈尊が、自分にとって最も愛しい者は自分自身であるという王と王妃の主張に同意した理由は、釈尊自身の次の言葉から明らかである。

「もしもひとが自己を愛しいものと知るならば、自己をよく守れ。……自己こそ自分の主である。他人がどうして（自分の）主であろうか。自己をよくととのえたならば、得難き主を得る[65]。」

つまり、「よくととのえられた自己」、言い換えれば、他のいかなるものにも操られることのない主体的な自己を見出し、それに従って生きることが人間にとって最も重要な事柄だというのである。私はここにこそ、釈尊の立場からの「人間の尊厳」が高らかに宣言されていると考える。

しかし、この「人間の尊厳」が真に現成《げんじょう》するためには、単に自分自身が自らの主体的な自己を生きるだけでは不十分である。それ故、釈尊は、このことを如実に理解する者は「わが身に引きくらべて」他者に接しなくてはならないと説く。すなわち、人間にとって最も大切なものが主体的な自己を生きる自分自身であるならば、他者からその他者自身に対するのとまったく同じように尊重されることは、人間にとって最も「かけがえのないこと」になる。言い換えれば、他者から「そこに自分と同じ人間がいる」と認められることこそが、他者との関係性、縁起の世界の中でしか生きることのできない人間にとっては、真の「人間の尊厳」を現成《げんじょう》させる唯一の生き方と言えるのではないだろうか。

このことは、それと反対の状況を考えればより明確になるだろう。他者を愛することの反対は、他者を憎むことではなく、他者を無視することである。別の表現を用いれば、「そこに自分と同じ人間がいる」と思わないことであり、目の前の人間を「人間」として扱わないことである。例えば一九四三年、ポーランドの首都のワルシャワでは、壁に囲まれたユダヤ人居住区に閉じ込められた多数のユダヤ人が猛火によって焼き殺された。その光景を、居住区に隣接する遊園地のメリーゴーランドから、多くの人々があたかも美しい夜景を見るかのように鑑賞していたという(66)。この出来事に関しては、ユダヤ人が虐殺されたこととは別に、それを人々が鑑賞していたことに我々は注目する必要がある。文字通り「人間の尊厳」が奪われたこの出来事は、壁の外側にいる人々の中に、「そこに自分と同じ人間がいる」という意識が欠如していたことによって引き起こされたことは疑い得ない。そしてもちろん、ナチスによるユダヤ人の虐殺や、戦争における無差別爆撃等の非人道的な行為も、「そこに自分と同じ人間がいる」という意識が欠如しているからこそ生まれる悲劇である。このことから、「そこに自分と同じ人間がいる」と認識すること、すなわち他者を自己自身と同じものとして認める「同事《どうじ》」の姿勢こそが、他者の中に「人間の尊厳」を認めることだと言えるだろう。

では、「そこに自分と同じ人間がいる」という認識をもとにして「人間の尊厳」を考えた場合、その射程はどこまで及ぶのであろうか。まず、意識をもって生きている人間に対しては、社会の許容する範囲内でその人の意思を尊重することが要請される[67]。これは、誰もが自らの意思を尊重されたいとか、主体的な自己を生きたいという思いを抱いている以上、その思いを他者にも適用させることを意味している。しかも、このような態度は自分にとって親しい間柄の人々、すなわち「二人称」的な立場の人々のみに向けられるべきものではない。そうした限定を加えることが、先に述べたユダヤ人の虐殺や、無差別爆撃等を許容する姿勢を生み出すのである。反対に、「そこに自分と同じ人間がいる」という思いを、自分とは直接関係のない人々、つまり「三人称」的な立場の人々にまで向けることで、あらゆる人間が共に生きることのできる世界を建設することが可能になる。

また、意識を失って生きている人間や、死にゆく人間に対しても、それに準じた考え方をすることができるだろう。つまり、彼らが以前に表明していた意思を最大限に尊重することが、そうした人々の主体的な自己を尊重し、その尊厳を現成《げんじょう》させることになるのである。さらに、過去に死亡した者に対しても、遺された者の心にその面影や記憶が残っている限り、「そこに自分と同じ人間がいる」という思いを抱くことは可能である。それだからこそ、遺された者達は故人の遺志を継承し、それを実現するために努力する。また、我が国では法事や墓参、あるいは戦没者や殉職者の慰霊式典等の形で、死者の冥福を祈る儀礼が伝統的に行われているのである(68)。

一方、この「人間の尊厳」は、新生児や生まれてくる前の人間にも適用することが可能である。すなわち、新生児や胎児、人間の胚等は、やがて意識をもった人間に成長する可能性をもっている。それ故、こうした存在を前にして、「そこに自分と同じ人間（となるはずの存在）がいる」という認識をもつことは可能である。確かに、人間の胚に対してそのような認識を抱くためには、ある程度の努力を要するかもしれない。だが、我々はそのような場面で、多少の想像力を働かせる必要があるだろう。その必要性を否定する立場は、ユダヤ人の虐殺を可能にした立場、すなわち、自らとは面識のない者達にはいかなる関心をも抱こうとしない立場に連なるものである。また、無脳症児や重度の障害新生児に関しても同様の指摘が可能である。つまり、呼吸をし、心臓が拍動している人間を前にしながら、その身体上の能力や性質等が自分とは異なるという理由で、「そこに自分と同じ人間がいる」ことを認めない態度は、人種の違いを根拠としてユダヤ人を迫害し、精神障害者の殺害を強行したナチスの姿勢と共通している。のみならず、そのような子供を対象として、「そこに自分と同じ人間がいる」ことを認めないことは、その子供を「わが子」として慈しむ両親の「人間の尊厳」をも否定する行為だと言えるだろう[69]。

　さらに、我々は想像力をたくましくすることによって、遠い将来に生まれてくる子孫に対しても、「そこに自分と同じ人間がいる」という認識をもつことが可能である。反対に、そのような認識を抱かない限り、例えば百年後の地球環境を守る運動を行う意義を見出すことはできない。また、このような意味での「人間の尊厳」を主張することによってこそ、「有縁《うえん》無縁《むえん》三界《さんがい》の万霊《ばんれい》等に回向《えこう》する」ことを目指す仏教の立場、すなわち、自らとの直接的な関係の有無に関わらず、過去、現在、未来の三つの世界に存在した、あるいは存在するであろうあらゆる生き物（ここでは人間に限定した方が妥当である）に対して、その幸せを祈る仏教の根本姿勢が意味を持つことになるのである。

　だが、その一方で、クローン人間を産生することや、動物の体内で人間の臓器を製造することに対して、我々は「そこに自分と同じ人間」の存在を認めることは困難である。それ故に、このような行為は「人間の尊厳」を侵すものとして排除されなければならない[70]。そして、このことが示しているように、「そこに自分と同じ人間がいる」という認識は、あらゆる生き物を「生きとし生けるもの」として等しく認める仏教の中にあって、なおも人間のみに「人間の尊厳」を与える根拠となり得るのである。

(四) 過去と未来を包む自己

人間は周囲の人々とのつながりの中で、相互に影響を与え合う縁起の理法にしたがって生きている。このことを、本節の(二)ではアイデンティティの形成を例にとって考察した。その結果、自分のアイデンティティは決して固定的なものではなく、他者との関係性の中で常に変化し続けることが明らかになった。いわば、アイデンティティは自分をとりまく同時代の環境から多大の影響を受けているのである。

だが、アイデンティティが形成される際には、自分が経験した過去の様々な出来事からも影響を受けている。しかも、過去における自分は、それぞれの時代の中で、自分を取り巻く環境や周囲の人々との関係の中で生きていた。つまり、現在の自分のアイデンティティは、過去の自分の経歴と、その間に触れ合った多くの人々とのつながりの蓄積によって成り立っているのである。

同時に、現在の自分のアイデンティティは、将来の自分が進むべき道を決定づける要因となっていく。のみならず、現在の自分のありようや、それを土台として生きる未来の自分のありようが、周囲の人々や社会の将来にも影響を及ぼすことになる。いわば、現在の自分は様々な周囲との関わりを背負った過去の自分と、様々な周囲との関わりを背負う未来の自分とをともに抱えながら、常にそのありようを変化させていく動的な存在である。浜野研三氏はそれを「物語を紡ぐ存在としての人間」と表現し、そのような人間把握は「なによりも複雑な人間の生の全体をその複雑さを自覚的に理解し考察することを促す」ものだと論じている。[71]

さて、このような人間理解の視点から、実は「人間の尊厳」に関するもう一つの理解を導くことが可能である。しかも、そのような人間把握の方法は、既に古くから仏教、とりわけ禅の立場で行われてきたものである。そのことを明らかにするために、ここでは道元の『正法眼蔵』「現成公案《げんじょうこうあん》」に記されている次の一節を考察することにしよう。

「たき木、はいとなる、さらにかへりてたき木となるべきにあらず。しかあるを、灰はのち、薪はさきと見取すべからず。しるべし、薪は薪の法位に住して、さきあり、のちあり。前後ありといへども、前後際断せり。灰は灰の法位にありて、のちあり、さきあり。かのたき木、はいとなりぬるのち、さらにたき木とならざるがごとく、人のしぬるのち、さらに生とならず。しかあるを、生の死になるといはざるは、仏法のさだまれるならひなり、このゆえに不生といふ。死の生にならざる、法輪のさだまれる仏転なり、このゆえに不滅といふ。生も一時のくらいなり、死も一時のくらい

なり。」(72)

道元はここで、生きている人間が死にゆくことを、薪が燃えて灰になるという現象に譬えて説明する。彼はまず始めに、そのような現象が日常的に認められることと、反対に、灰が再び薪に戻ることはあり得ないことを示している。だがその次に、彼は「灰はのち、薪はさきと見取すべからず」と説く。つまり、薪が灰に「変化する」という世間的な理解は真理とは異なると言うのである。彼のこの主張は、明らかに過去から未来へ流れ行く日常的な時間概念を超えている。そして、彼の説く真理とは、「薪は薪の法位」、「灰は灰の法位」に「住して」、それぞれ「さきあり、のちあり。前後ありといへども、前後際断せり」というものである。これはいかなる内容を表しているのであろうか。

「薪は薪の法位」という時、前者の「薪」はこれから火をつけて燃やそうとしている木切れのことである。この木切れは、火をつければ薪となり、建築用材として用いれば材木となり、それで人を殴れば武器となる。この木切れが「薪」と呼ばれるのは、諸条件が重なることによって、偶然薪として燃やされることになったからにすぎない。それ故、この木切れを「薪」と呼ぶのは、この場における仮の名付けにすぎない。一方、後者の「薪」は具体的な対象物を指示する語ではなく、火をつけるための燃料という状態を表している。それ故、「薪の法位」という語は「諸条件によって生ずる薪としての状態、あり方」という意味を表しており、「薪は薪の法位に住し」というのは、「仮に『薪』と呼ばれている木切れは、今、諸条件によって、火をつけるための燃料（薪）という状態にある」ということを示している。「灰は灰の法位にありて」という箇所も同じように解釈できる。

では、この「薪」と「灰」がどのような関係になるのか。薪が燃えて次第に灰に変わっていく様子を模式的に図に表してみよう。この図の中のAとEが、それぞれ上記に解説した「薪」と「灰」に相当する。一方、Cの状態の「モノ」はAやBと比較すれば「灰」と呼ばれ、DやEと比較すれば「薪」と呼ばれる。つまり、AやEの場合と同じように、この場合にも「薪」や「灰」という語は便宜的なものであり、実際にそこにあるのは「薪」とか「灰」という名前とは無関係の「モノ」にすぎないのである。しかも、その「モノ」はCの状態に一瞬たりとも止まってはいられない。「さきあり、のちあり。前後ありといへども、前後際断せり」というように、常に過去の状態から未来の状態へと移ろい行くのであり、現在はその接点にすぎない。写真で撮影されるような固定的な「現在」としてのCの状態は、現実にはあり得ないのである。

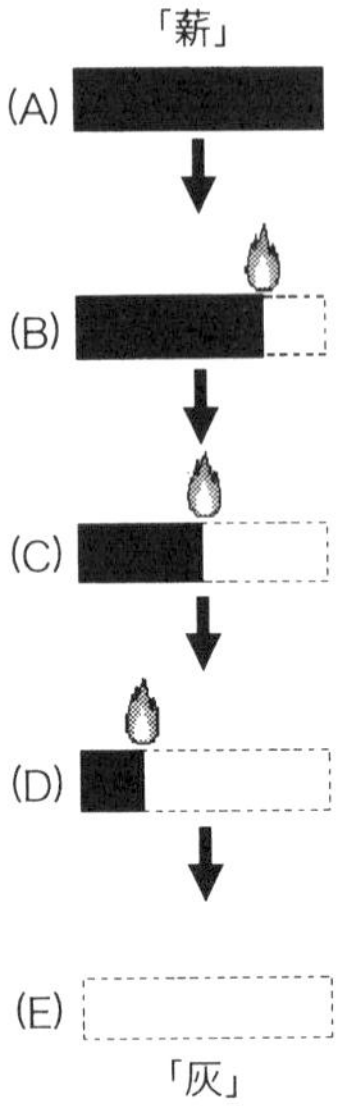

ただし当然のことながら、現象として

のＣ、一瞬たりとも止まることのない動的なＣの状態を、我々は日常的に経験している。そして、このＣの状態は、過ぎ去ったＡやＢを必ず前提とし、同時に、これから起こるであろうＤやＥを必然的に予定することによってのみ成り立っている。つまり、Ｃは過去と未来によって同時に支えられるという、縁起の理法にもとづいてしか成立し得ないのである。さらに言い換えれば、Ｃの中には完了態としてのＡやＢと、可能態としてのＤやＥが内包されている。それ故、Ｃは固定的な瞬間としてではなく、過去と未来に支えられ、同時にそれらを内包する止まらざる「現在」という意味で「永遠の現在」とも呼ばれるのである。

だが、それだけではない。Ｃを支え、Ｃに内包されているＡやＢの背後には、「薪」のもとになった木や、木を育んだ土や空気、木から「薪」を切り出した人間、さらには、そうした様々なものに直接的、間接的に関わっている全世界のあらゆるものが縁起の理法によって連なっている。しかも、同様のことはＤやＥにもあてはまる。その結果、Ｃの中には過去から未来にわたる全世界のあらゆるものが、相互に関連し合いながら含まれていることになる。このことは同時に、過去、現在、未来のありとあらゆる世界を結ぶ縁起の網の目の中心にＣが位置していることをも意味している。つまり、Ｃは縁起によって一切を内包するとともに、一切の中に内包されていることになる。こうした縁起の理法にもとづく一即一切、一切即一の真理が、Cの状態にある「モノ」を通して明らかにされるのである。

さて、引用文の後半では、このような「薪」と「灰」の関係が、そのまま人間の生と死にあてはめられている。そして、ここにこそ「人間の尊厳」のもう一つの意味が存在する。つまり、「生」と呼ばれる状態も、「死」と呼ばれる状態も、止まることのない人間の「一時のくらい」、すなわち、一瞬のあり方に過ぎない。けれども、それぞれの瞬間における一人の人間の中に、その人間の過去から未来にわたる全ての経歴、さらには、その人間を取り巻く社会や周囲の人々、のみならず、そうした様々なものに直接的、間接的に関わる全世界のあらゆるものが内包されている。同時に、それぞれの瞬間における一人の人間は、過去から未来にわたって全世界を結ぶ縁起の網の中心、より端的に言えば、時空を超えた世界の中心に位置していることになるのである。

このような意味での「人間の尊厳」を、鎌田茂雄氏は次のように説明している。

「どんな人間にも人間である限り、絶対の尊厳性がなければならぬ。……それぞれの個人の存在は、個人のみで存在しているのではない。無限のひろがりをもっているのだ。何らかのおかげをうけてわたしたちは生かされている。それは愛の関係網といってもよい。個物が互いに融通し、互いに浸透し、互いに関連して、しかも互いにさまたげることがない世界こそ仏教のめざした世界像である。それを実現させるには、互いに人間を尊重しつつ、同事行をおこない、愛語の実践につとむべきである。」[73]

さて、「人間の尊厳」に対するこのような理解は、第二節㈣で明らかにした西洋におけるそれの三つ目の特徴と相対峙するものである。すなわち、西洋では「生きている」人間がその瞬間に保持している人格を前提として、それが支える瞬間的な尊厳を説いていた。それは周囲とのつながりが生み出す人間の動的なあり方を無視し、時間軸上の一点に静止させられた固定的かつ閉塞的な「人間の尊厳」である。一方、仏教の説く「人間の尊厳」も、西洋のそれと同じく時間軸上のある瞬間の人間に着目している。けれども、それは背後に広がる無限の時間と空間に開かれたものであり、人間はその者を取り囲む無限の条件によって、一瞬たりとも変化してやまない動的な存在として把握されている。それ故、そのような人間に見出される「人間の尊厳」は、縁起の理法にもとづく動的かつ開放的なものとなる。しかも、それは現在「生きている」人間のみならず、過去に「生きていた」人間や、将来「生きるであろう」人間にも適用し得るものである。さらに、それは各々の人間がもつ能力や性質の違いに関わりなく、あらゆる者に対して無条件に適用し得る概念なのである。

このような「人間の尊厳」は、時間の流れの中に身を置き、周囲の世界や他者との交わりの中で生きている人間にとっては必然的に成立する事実である。それ故、この尊厳は何人によっても侵害されることはない。しかし、それは自分自身と周囲の人々によって認知され、それを尊重する行為が行われない限り具現化しないものでもある。すなわち、「諸法実相」という言葉が表しているように、たとえ目の前に世界の真相が顕わになっていようとも、人々がそれに気づかず、それを尊重する姿勢を示さない限り、世界の真実相は現《げん》成《じょう》しないのである。それ故、我々は世界の中心に位置する自己に目覚め、「自己こそ自分の主である」という自覚のもとに行動しなければならない。言い換えれば、「自らを島とし、自らをたよりとして、他人をたよりとせず、法（道理）を島とし、法をよりどころとして、他のものをよりどころとせずにあれ（自灯明、法灯明）[74]」という釈尊の遺言が示しているように、他者に操られることのない自己の主体性を確立することが求められるのである。その上で、それを他者にも「引きくらべ」ることにより、たとえその他者がいかなる状態の者であろうとも、「そこに自分と同じ人間がいる」と考え、自分に対するのと同じ態度でその他者に接することが必要である。そうした具体的な行動によって、この「人間の尊厳」は初めて具体的な姿を現すことになる。以上のように考えるならば、世界の中心に位置する自己という観念は「人間の尊厳」における理念の側面を担い、自らが自己の主体性を生きるとともに、他者に対しては「そこに自分と同じ人間がいる」と認識し、その他者のもつ自己の主体性を尊重することが、その理念を具現化させる実践の側面を担っているると言うことができるのではないだろうか。

第四節「あたりまえ」をあたりまえに

人間にとっての尊厳とは何か。仏教的な観点から見たこの問題の考察も、ようやく終わりに近づいてきた。これまでに述べてきたことを簡単に振り返ってみよう。

キリスト教信仰に源流をもつ西洋的な尊厳の概念は、基本的には常に人格の存在を前提とするものであった。しかも、この人格は人間の精神作用と重ね合わせて理解されたため、近年では脳が尊厳の座位として重視されることになった。また、人格は個々の人間に宿るため、それぞれの人間に人格があるか否かが問題視されることになった。これは人間を「個」的な存在として捉える視点を導き、人間のもつ他者との関係性を隠蔽するものである。さらに、尊厳は人格を持つ人間のみに存在するという観点から、尊厳は「生きている」人間のみに宿るものとみなされた。そのため、「生きている」ことが明確ではない人間に対して、尊厳の存在を認めるべきかという問題がクローズアップされたのである。

我が国でも、医療現場や社会政策の現場では、こうした西洋的な尊厳の概念が採用されている。しかも、脳死と臓器移植、あるいは安楽死等の問題を通して、西洋的な尊厳の概念が一般に浸透した。その結果、人間の脳だけを偏重し、身体を軽視する風潮が生まれるとともに、そのような考え方が、脳死を人間の死と認める論拠として広く語られるようになったのである。

さらに、西洋的な尊厳の概念は、伝統的に「生命の尊厳（神聖性）」と「人間の尊厳」とに分けて議論されてきた。前者は絶対的な生命の保持を主張し、後者は条件によっては人間の生命を奪うことを容認する。それ故に、この二つの尊厳をいかにして調和させるかということも、現在では大きな問題になっているのである。

これに対して、仏教的な立場では「空」と「縁起」の思想によって、実体的な人格の存在を否定する。同時に、西洋ではこの人格が存在する時にのみ成立すると考えられていた生命も、何ら実体のないものであることが明らかにされた。その結果、仏教では「生命の尊厳」を語る必要は失われ、人間存在にとっての尊厳は「人間の尊厳」に一本化されることになった。しかも、人格の存在が否定されたために、この尊厳の解釈は人格の概念による束縛からも解放された。

そのようにして仏教的な立場から導き出された「人間の尊厳」は、過去から未来にわたる全世界の中心に位置する自己という理念にもとづいて、自らが自己の主体性を生きるとともに、他者からは「そこに自分と同じ人間がいる」と認められることによって現成《げんじょう》するものであった。このような尊厳の考え方は、縁起の理法によって導かれるものである。それ故、この考え方は人間を身体と精神に分けたり、人間の身体を脳と他の部分とに分けたりすることを求めない。あくまで、人間の総体に関わるものとして理解されるのである。しかも、それは自分と他者との関係性を重視するとともに、その人間が現在「生きている」か否かを問わず、過去から未来にわたるあらゆる人間に対して等しく適用することが可能な概念なのである。

ちなみに、このような「人間の尊厳」の仏教的な解釈は主観的な色彩の強いものであり、客観的、合理的なものではない。けれども、意思や感情を持つ人間自体が本来的に合理的な存在ではなく、「尊厳」という概念もまた主観的な要素の強いものである。仮に人間の生死を徹底して客観的、合理的にのみ把握しようとすれば、例えば「地震で百人が死亡した」という時と同様に、個々の人間は数量化の対象となり、置換可能な存在として個人的な背景を捨象されてしまう。そこでは当然のことながら、人間存在への共感は失われ、「人間の尊厳」も意味を喪失することになる。また、人間存在を可能な限り客体化するために、西洋のように人格の概念を生み出したところで、それを背後から支える究極的な拠り所が何らかの形で要請されなければならない。その結果、最終的には唯一神という、最も非合理的な信仰にもとづく存在を持ち出さざるを得なくなる。したがって、人間存在にとっての尊厳を考察する以上、それが主観的かつ非合理的なものとなることは避けられないのである。

また、本章で論じた「人間の尊厳」は、仏教的な立場からの解釈でありながら、決して抹香臭いものでもなければ、理解し難い深遠な教義を説くものでもない。それは実にあたりまえの事柄を述べたものにすぎないと言えるだろう。そして本来、仏教とはそのような「あたりまえ」のことを説く思想であったはずだし、「人間の尊厳」という概念も、我々が日常の生活を送っていく中で、「あたりまえ」に理解できるものでなければならないはずだ。その「あたりまえ」が、尊厳の西洋的な解釈にもとづく議論の中で封印されてしまったことに問題がある。のみならず、その問題に気づくことなく同じ過ちを再生産し続ける議論を見るにつけ、我が国における西洋的な人間観の広がりと、西洋的な議論のみに固執し、視野狭窄に陥っている生命倫理学の現状を改めて認識せざるを得ないのである。

註

第一節

（1）新村出編『広辞苑』（第四版、岩波書店、一九九一）より「尊厳」の項（一五二八頁）。

第二節

（2）伊藤栄樹『人は死ねばゴミになる―私のがんとの闘い―』（新潮社、一九八八）五二～五三頁。

（3）養老孟司『唯脳論』（青土社、一九八九）二四頁。

（4）同展示会は、二〇〇三年以降、新たな「展示物」を加えて再び全国各地を巡回している。

（5）梅原猛「脳死・ソクラテスの徒は反対する―生命への畏怖を忘れた傲慢な「脳死論」を排す―」『「脳死」と臓器移植』（梅原猛編、朝日新聞社、一九九二）二二一～二二三頁。なお、同論文の初出は『文藝春秋』一九九〇年十二月号である。

（6）立花隆『脳死再論』（中央公論社、一九八八）八七～八八頁。なお、「脳死を医者はごまかすな」と題するこの論文の初出は『中央公論』一九八七年四月号である。

（7）ただし、ここで立ち止まって考えてみると、本文中に示した両者の主張には重大な問題が含まれている。と言うのも、人間の思惟を司る脳の部位は大脳皮質である。一方、脳死を人間の死と認めることを促した医学的な根拠は、脳が諸器官を統合する根本的な器官であり、その機能が失われれば、他の諸器官の生命現象を維持し得なくなるという点にあった。そして、そのような役割を担っているのは大脳皮質ではなく、脳幹である。それだからこそ、人間の死と同置されるべき脳死には、少なくとも脳幹の不可逆的な機能停止（脳幹死）が含まれていなければならない。それに対して、大脳皮質の不可逆的な機能停止は重篤な植物状態を生むことになるが、その場合でも脳幹部分が生き残っている限り、その状態は脳死とはみなされない。したがって、脳死に関する初歩的な説明の中で常に繰り返されている脳死と植物状態との区別が、これらの主張では混同されているのである。仮にこのような主張に従うのであれば、それは脳死状態の人間ではなく、重篤な植物状態の人間を「死んでいる」とみなすことになるのである。

（8）仏教者の間でも、脳を人間のアイデンティティの座とみなす考え方に賛同する意見が幾つか提示された。ところが、その中には種々の問題を含むものも少なくなかった。そうしたものの一例として、ここでは浄土真宗の代表的な論客の一人である大峯顕氏の論考「現代における「いのち」の問題」『教学研究所紀要』四（浄土真宗教学研究所、一九九五）を取り上げて、若干の検討を加えたい。

大峯氏は、その論文の冒頭から八章までの間で、人間の「いのち」に対する宗教学的な論究と、浄土真宗学からの論究を行っている。その内容は重層的で、示唆に富むものである。ところが、九章「脳死・臓器移植に関する見解」に至ると、その内容は一転する。ここではその中から、脳死に関わる議論を取り上げることにする。

まず、この問題に対する大峯氏の基本姿勢は、「脳死を個体の死として受け入れてはじめて、生命の尊厳ということが、たんなる形容詞ではなくて、生きた思想となるのではないか」（二七頁）という一文に表されている。そして、それに対する論拠を「浄土真宗の立場から」（二五頁）示していくと宣言する。その内容は大別して三つに区分される。

第一の論拠は、「人間の生物学的死」は「昔も今も医師だけが決めることができる」ということである。同氏は、「日本医師会が公式に脳死を認めているから」、脳死を人間の死とみなすことは既に社会的合意が得られていると主張する。そして、医師以外の者は、このような医師の判断に追従するべきであると述べている（二五～二六頁）。しかし大峯氏は、医師の間でも脳死を人間の死と認めることに賛否両論があることを無視している。のみならず、人間の死の判定は医師が行うとしても、「死」の定義づけは医学だけではなく、その社会に影響力をもつ宗教や思想、伝統等にもとづきながら、総合的に行われるものだということを看過しているのである。

第二の論拠は、「脳が死ねばその人はもはやその人としてのアイデンティティを持っていない。つまり人間として生きていない」（二六頁）という点である。しかし、ここには三つの問題が含まれている。一つ目の問題は、本章の註（7）で論じたように、脳死は脳幹死によって判定されるべきものであり、人間の意識を司る大脳皮質の機能の消失によって判定されるべきものではないことである。

二つ目の問題は、大峯氏自身の次の文章に関わるものである。「人格のアイデンティティを保証するものは、意識とか心とか呼ばれているところのものである。では意識や心の物質的条件とは何か。心臓でも手足でもなく脳である」（二六頁、傍点原著、傍線引用者）。ところが、同氏は他の箇所では以下のような主張を繰り返し論じているのである。「生命の尊厳を知るとは、要するに、たんなる物質（量）に還元できない質が生命の核心にふくまれているということを知ることである」（二七頁）。一方で、生命の核心は決して物質に還元できないと強調しながら、他方では、人間のアイデンティティ、すなわち大峯氏の立場にもとづけば、人間の生命の尊厳を保証する意識や心を「物質的条件」に還元する。そして、それを根拠として脳死を人間の死であると主張する。この主張は自己矛盾ではないだろうか。

三つ目の問題は、大峯氏が無批判に「人格」の概念を用いていることである。同氏は、「臓器移植に反対する仏教学者が、臓器はとりかえのきく部分品ではなくて自分の人格の一部だ、と書いているのを」見て、それは「仏教の知見」ではなく、「アニミズムの現代日本版にすぎない」と批判する（二九頁）。その上で、同氏は人格の概念をカントの哲学を用いて説明し、「カントの人格の思想は、個体を超えた生命の次元をさすと言ってもよい」（二九頁）と述べている。だが、カントにとっての「個体を超えた生命の次元」とは、究極的にはキリスト教の神を意味するのではないだろうか。そもそも人格に関する同氏の説明が、カントの思想のみに依拠していることは奇異なことだと言わざるを得ない。

大峯氏が脳死を人間の死と認めるべきだと主張する第三の論拠は、「すでに死の過程に入っている人間に対して、人工呼吸器をつけて医療をつづけることは、死者の尊厳を侵す非人間的な行為だということ」（二八頁）にある。大峯氏は、脳死の状態を「死の過程に入っている」と表現する。それならば、既に「死者」となった脳死の患者の身体から臓器を摘出するまでの間、その臓器の新鮮さを保つために様々な輸液を注入することは「死者の尊厳を侵す非人間的な行為」ではないのであろうか。

以上の考察から窺われるように、大峯氏が脳死を人間の死とみなす根拠として挙げた事柄は、いずれも重大な問題を含むものである。しかも同氏の主張の中に、瞥見の限りでは「浄土真宗の立場から」のものは見受けられないのである。

（9）宮川俊行『安楽死と宗教—カトリック倫理の現状—』（春秋社、一九八三）九九頁。なお、カトリックの教義における「生命の尊厳」については、主に同書の九七～一〇七頁を参考にした。ちなみに、教皇庁教理省が一九八七年に発表した『生命のはじまりに関する教書—人間の生命のはじまりに対する尊重と生殖過程の尊厳に関する現代のいくつかの疑問に答えて—』（J・マシア、馬場真光訳、カトリック中央協議会、一九八七）一六頁では次のように述べられている。

「人間の生命が神聖であるのは、それが初めから「神の創造のわざ」の結果であり、また、その唯一の目標である創造主と永久に特別な関係を保ち続けるからである。神のみが、生命の初めから終わりまでの主である。たとえどんな状況にあったとしても、無害な人間を意図的に破壊する権利を主張することは、だれにもできない。」

(10)『生命のはじまりに関する教書』［本章註（9）］では次のように述べられている。「人間の肉体は人格の構成要素であり、人格はその肉体をとおして自らを表現するものである。」（一二頁）。ただし、近年のカトリック教会では、生きている人間の中での精神と肉体との一体性を特に強調しているように思われる。

(11)『聖書』（日本聖書協会、一九八四）より「創世記」第二章七（「旧約聖書」二頁）。

(12)『生命のはじまりに関する教書』［本章註（9）］一八～二一頁。ただし、受精の瞬間に人間存在が成立するという教義をカトリック教会が明確に説くようになったのは、この教書が最初である。詳しくは第一章註（12）を参照。

(13) 松本信愛、ダニエル・L・ロワリィ『安楽死に関するカトリック信者への指針』（中央出版社、一九八三）八頁。

(14) 以下、日本カトリック司教団『生命、神のたまもの―胎児の生命の尊厳についてのカトリックの見解―』（カトリック中央協議会、一九八四）六～八頁、浜口吉隆『キリスト教からみた生命と死の医療倫理』（東信堂、二〇〇一）三五～五四頁を参考にした。

(15) この点については、新要理書編纂特別委員会編『カトリック教会の教え』（カトリック中央協議会、二〇〇三）二六四頁をあわせて参考にした。

(16)『聖書』［本章註（11）］より「創世記」第一章二六（「旧約聖書」二頁）。

(17) このことは、一九六六年の第二バチカン公会議における「現代世界憲章」の中で次のように述べられている。

「人間の尊厳の最も崇高な面は、人間が神と交わるように召命を受けているということである。……事実、人間が存在するのは、愛によって神から創られ、愛によって神からつねに支えられているからであり、神の愛を自由に認め、造り主に身を託すのでなければ、人間は真理に基づき充実して生きていることにはならない。」

この一節は、二〇〇一年「世界召命祈願の日」の教皇メッセージにも引用されている(http://www.cbcj.catholic.jp/jpn/doc/voc/01voc.htm 二〇〇七年一月現在)。

(18) 奥野満里子「生命の神聖さと生命の質―概念の説明―」『生命倫理学を学ぶ人のために』(加藤尚武、加茂直樹編、世界思想社、一九九八)一三二頁を参考にした。

(19) ヒポクラテス(小川政恭訳)『古い医術について他八篇』(岩波文庫、一九六三)一九一~一九二頁。

(20) 自殺は、西洋では中世以来、キリスト教の教えによって厳禁されてきた。その理論的根拠はトマス・アクィナスによって大成され、それが今日まで影響を及ぼしている。

(21) Quality of Life(QOL)という語は「生活の質」と訳されることもある。この場合、QOLは「患者が治療を受けた後に送る生活の質」を表しており、医療の現場においていかなる治療を選択するかを決定する際の指標となる概念である。

(22) 「生命の尊厳」はすべての生命の肯定、保護を主張するのに対して、「生命の質」はその程度いかんでは生命の否定を主張することもある。そして、この両者の対立が、安楽死の是非をめぐる論争を生むのである。この点に関して、例えば加藤尚武、加茂直樹編『生命倫理学を学ぶ人のために』（世界思想社、一九九八）一二九〜一六四頁を参照。

(23) エドワード・W・カイザーリンク（黒崎政男訳）「生命の尊厳と生命の質は両立可能か」『バイオエシックスの基礎―欧米の「生命倫理」論―』（加藤尚武、飯田亘之編、東海大学出版会、一九八八）。なお、同氏の主張の問題点については、一例として安藤泰至「人間の生における「尊厳」概念の再考」『医学哲学医学倫理』一九（二〇〇一）一九〜二〇頁を参照。

(24) ピーター・シンガー（大島保彦、佐藤和夫訳）「動物の生存権」『バイオエシックスの基礎―欧米の「生命倫理」論―』（加藤尚武、飯田亘之編、東海大学出版会、一九八八）、同（樫則章訳）『生と死の倫理―伝統的倫理の崩壊―』（昭和堂、一九九八）。

(25) ロナルド・ドゥオーキン（水谷英夫、小島妙子訳）『ライフズ・ドミニオン―中絶と尊厳死そして個人の自由―』（信山社、一九九八）。なお、彼は生命の「尊厳（神聖性、Sanctity）」を「不可侵な（Inviolable）」と言い換えることで、Sanctity の語に不可避的に付随する宗教性を払拭しようとしている（三五〜三六頁）。

(26) ドゥオーキン氏の主張の意義と問題点については、飯田亘之「人間の尊厳とその行方―アルツハイマー型痴呆老人の治療拒絶の意思を巡って―」『理想』六六八（二〇〇二）、八幡英幸「「人の生命の萌芽」は「尊厳」を持つか」『ヒトの生命と人間の尊厳』（高橋隆雄編、熊本大学生命倫理研究会論集3、九州大学出版会、二〇〇二）一二一〜一二三頁を参考にした。

(27) カント（篠田英雄訳）『道徳形而上学原論』（岩波文庫、一九六〇）一一六頁、同（樽井正義、池尾恭一訳）『カント全集一一　人倫の形而上学』（岩波書店、二〇〇二）三五〇頁。ちなみに、後者の文献の当該箇所に記されている次の一節は、カントにおける「人間の尊厳」を端的に表したものである。

「人間性それ自体が尊厳なのである。なぜなら、人間は、だれからも（他人によっても、また自己自身によってさえも）単に手段として使用されることはできず、常に同時に目的として使用されねばならないからである。そしてこの点に、まさに人間の尊厳（人格性）が存するのであり、それによって人間は、世界における人間以外の、しかも使用可能なすべての存在者に、したがってすべての物件に優越するのである。」

(28) カント前掲書（一九六〇）［本章註（27）］一〇一〜一〇二頁、一一三頁、一二四頁。

(29) カント前掲書（一九六〇）［本章註（27）］一〇三頁。

(30) カント前掲書（一九六〇）［本章註（27）］一二八〜一三〇頁。

(31) カント前掲書（一九六〇）［本章註（27）］一一八〜一一九頁にはこのことが次のように記されている。

「自律は、人間の本性およびすべての理性的存在者の本性の尊厳の根拠を成すものである。」（傍点原著）

(32) カント（波多野精一、宮本和吉、篠田英雄訳）『実践理性批判』（岩波文庫、一九七九）二四九〜二八一頁。

(33) カトリック中央協議会のホームページに掲載されているローマ教皇のメッセージを検索した結果、ヨハネ・パウロ二世の在任中（一九七八〜二〇〇五年）、「人間の尊厳」は三四回言及されているのに対して、「生命の尊厳」への言及はわずかに二回のみである（http://www.cbcj.catholic.jp/jpn/doc/index.htm　二〇〇七年一月現在）。

(34) 秋葉悦子「ヒト胚の尊厳」『生命倫理』一四（二〇〇三）一三頁。ちなみに、「人間の尊厳」はナチスに対する反省から、戦後のドイツの精神的支柱となった。今日、アメリカでは「生命の尊厳」が重視されるのに対して、「人間の尊厳」は極めてドイツ的な概念だと言われている（松井富美男「人間の尊厳とは何か―差異化と水平化の二重機能―」『生命倫理』一四、二〇〇三、六〇～六一頁）。

（35）難波紘二「クローン人間は人間の尊厳を冒すか？」『生命倫理』一四（二〇〇三）七八頁は、「人間の尊厳」に言及した世界の諸法令に対して、「これらの法律においても、また日本語の文献においても、この言葉を定義したものを筆者は見たことがない」と述べている。

（36）とりわけ、「人間の尊厳」という語の我が国における用法は、説得力に欠けるという批判がしばしば見られる。例えば、橳島次郎『先端医療のルール―人体利用はどこまで許されるのか―』（講談社現代新書、二〇〇一）一二頁は、二〇〇一年に制定された「ヒトに関するクローン技術等の規制に関する法律」に対して、「この法律が守るとしている人の尊厳とは何なのか、中身が明らかでなく、一貫していないのである」と批判している。また、八幡前掲論文［本章註（26）］一一頁は、「「人の尊厳」という言葉は、この国ではいわばお題目程度のものとしてしか受け止められていないことが多い」と述べている。

（37）橳島前掲書［本章註（36）］一八六頁、盛永審一郎「「人間の尊厳」と「生命の尊厳」―「ドイツ胚保護法」をてがかりに―」『理想』六六八（二〇〇二）八七頁、松井前掲論文［本章註（34）］六一頁。

（38）一例として難波前掲論文［本章註（35）］七八頁。

（39）パーソン論についての簡便な参考文献については第一章註（21）を参照。

（40）マイケル・トゥーリー（森岡正博訳）「嬰児は人格を持つか」『バイオエシックスの基礎―欧米の「生命倫理」論―』（加藤尚武、飯田亘之編、東海大学出版会、一九八八）。

（41）H・トリストラム・エンゲルハート（久保田顕二訳）「医学における人格の概念」『バイオエシックスの基礎─欧米の「生命倫理」論─』（加藤尚武、飯田亘之編、東海大学出版会、一九八八）。

（42）浜野研三「物語を紡ぐ存在としての人間─パーソンに代わるもの─」『生命倫理学を学ぶ人のために』（加藤尚武、加茂直樹編、世界思想社、一九九八）一二〇頁。ただし、本章では論述の都合上、三つの問題点を指摘する順番が浜野氏の論文とは異なっている。

（43）山本達「ヒトゲノム解析・遺伝子医療での人間の尊厳という問題」『理想』六六八（二〇〇二）二九頁は、「人格を実体として捉える見方が、誕生前の人命にも人格性を認める立場を可能にする」と述べて、人格を実体的に捉える視点を肯定的に論じている。

（44）このような立場を、武井秀夫「死の判定と仏教的生命観」『現代と仏教』（佐々木宏幹編、「大系・仏教と日本人」第一二巻、春秋社、一九九一）三一三頁は「可視」指向的、「表出」指向的と表現している。

（45）宮川前掲書［本章註（9）］一五〇～一五三頁。

（46）人間の胚に人格の存在を認めるべきか否か。この問題に対する回答いかんでは、人間の胚は「人間」か「モノ」かのいずれかに区分されることになる。現在、生命倫理の分野で大きな関心を集めているこの問題は、まさしく二分法のはざまを揺れ動いているのである。

（47）カトリックではその他にも、神によって創造された男と女は、互いの人格的な愛の交わりを通して人間の尊厳を見出すことになるとも説いている（新要理書編纂特別委員会編前掲書［本章註（15）］二六四頁）。

（48）松井前掲論文［本章註（34）］六〇頁。

第三節

(49) 「縁起」には大きく分けて二つの解釈が存在する。一つは「十二支縁起」説が示しているように、原因としてのaによって、結果としてのbが生ずるという、時間の前後関係にもとづく因果関係の意味である。もう一つは、例えば「本」とその「色」という基体と属性との関係のように、一方が成立すれば同時に他方も成立するという相互依存関係の意味である。前者は原始仏教において説かれ、後者は「空」の思想とともに大乗仏教の中で成立した。本章で用いる「縁起」の概念は、主にこの中の後者の意味を応用したものである。

(50) 仏教の立場からは、「人格」の代わりに「仏性」の概念を用いることも可能である。けれども、仏性はあらゆる生き物に宿るものであるため（一切衆生悉有仏性）、仏性にもとづく尊厳は人間だけではなく、あらゆる生き物に共通して認められるものとなる。また、ここで仏性の概念を使用した場合、その解釈をめぐって仏教研究者の間で議論が生じ、それにもとづく尊厳は一部の人々の支持しか得られなくなる恐れがある。さらに、仏性を実体的に捉える立場の場合、そこでの議論は人格にもとづくものと変わらなくなってしまう。これらの理由から、私はあえて仏性の概念には言及しないことにしたい。

(51) 仏教の立場ではないが、養老孟司「「生命倫理とはなにか」という問い」『生命倫理』一四（二〇〇三）三頁も、「生きものは具体的だが、生命は抽象的で、じつはなにを指すか、よくわからない」と述べている。

(52) 古来、我が国の仏教信仰の中で生み出された怨霊や鬼神等は、人間の生命を奪うことはあっても、人々を死の世界へ導くことだけを司る「死神」ではなかった。また、死者の世界を支配する閻魔も「死神」とは異なる。少なくとも我が国の伝統の中に、「死」そのものを実体視したイメージは存在しないのではないだろうか。

(53)このような観点から、人間の死を一連のプロセスとして見た場合、「死」の始まりと終わりをどの時点に置くべきか。この点については第一章第四節を参照されたい。

(54)この比喩は『雑阿含経』巻一五(『大正新脩大蔵経』二巻一〇八頁下段)に述べられている。なお、『妙法蓮華経』「妙荘厳王本事品第二七」(『大正新脩大蔵経』九巻六〇頁上・中段)等では、これと同じ比喩が仏の教えに接することの希少性を示す譬えとして用いられている。

(55)松井前掲論文[本章註(34)]六〇頁は、「人間の尊厳」には人間を他のあらゆる生き物から区別する「差異化」と、あらゆる人間的生命を受精の瞬間から平等に扱う「水平化」という二つの機能があることを指摘している。

(56)ここでの記述は、武井前掲論文[本章註(44)]三〇九〜三一二頁を参考にした。ちなみに、武井氏がこの箇所で示している興味深い空想、すなわち、脳を他者の身体に移植した「彼」の話は、アイデンティティの形成と保持を考える上で示唆に富むものである。また、我々のアイデンティティが固定的なものではなく、常に作り替えられていくことを河合隼雄氏は「開かれたアイデンティティー」と表現している(「開かれたアイデンティティー——仏教の役割を求めて——」『禅研究所紀要』二九、愛知学院大学禅研究所、二〇〇一)。

(57)西谷修『不死のワンダーランド』(増補新版、青土社、二〇〇二)一〇七頁(傍点原著)。なお、ここでの記述は特に同書の中の「死の不可能性、または公共化する死」の箇所(九五〜一四一頁)を参考にした。

(58)以下の記述では、主に小松美彦『死は共鳴する——脳死・臓器移植の深みへ——』(勁草書房、一九九六)一四三〜二二六頁、武井前掲論文[本章註(44)]三〇一〜三〇七頁を参考にした。なお、小松氏は「死」の問題を考えるにあたって、二つの「死」の概念（Sterben と Tod）を区別する必要性を強調する。前者（Sterben）はある人間が死にゆくことを意味しており、それは「ある状態からある状態への移行過程を指す知覚的なもの」である。一方、後者（Tod）は「死者と看取る者との関係のもとに成立する非知覚的な差異化的統一態」である（一六七頁）。

（59）我が国では、伝統的に死者の追善供養を死後五〇年が経過するまで行ってきた。これは、その死者の記憶を持つ者が、五〇年の間にほぼ死に絶えるという論拠にもとづいている。言い換えれば、その記憶を持つ者が生きている限り、死者もまた、その者の中に「生き続けている」と言うことができるのである。この点については第一章第四節で論じた通りである。

（60）武井前掲論文［本章註（44）］三一三頁は、このような人間把握の方法を「関係」指向性、「場」指向性、「不可視」指向性、「存在」指向性と呼び、浜野前掲論文［本章註（42）］一二三頁は、そのような形で存在する人間を「関係の網の目の下にある人間」と表現している。

ところで、武井氏のこの論文は、同氏自身の注記（二七二頁注一）によれば一九八六年十二月に執筆されたものであるが、収録書の刊行が遅れたために一九八九年二月に加筆修正を行い、さらに一九九一年四月に若干の注の修正を施した上で公表されたとのことである。つまり、この論文は、縁起と諸法実相にもとづく仏教的な生命観が、脳死と臓器移植を支える生命観、すなわち、精神と身体とを二分した上で、精神、つまり人格にこそ人間の本質を認めるユダヤ・キリスト教的な生命観の対極に位置することを、梅原前掲論文［本章註（5）］の初出（一九九〇年十二月）よりも早い時期に、しかもはるかに詳細な論考によって跡付けたものである。のみならず、脳死と臓器移植の問題をめぐる論文が、仏教関係者によって数

(61) 多く蓄積された今日に至っても、縁起の思想を中心として仏教的な生命観を描き出した同論文の価値はまったく失われていない。私は本章を執筆するにあたり、この武井氏の論文から多大な示唆を得たことをここに記しておきたい。

このような観点から「人間の尊厳」を捉え直そうという提言は、仏教的な立場とは別に、既に幾人かの論者によって提起されている。そうした人々が共通して指摘するのは、「人間の尊厳」が個々の人間に内在する自己意識や他の何らかの能力、性質等を基準にして語られる場合、その能力や性質を持ち得ない人々、例えば未だ自己意識を持っていない人間の胚や、生来それを欠いている無脳症児、あるいは既にそれを失った遷延性植物状態の患者等は、「人間」として扱われることを否定されざるを得ないことである。

例えば安藤前掲論文［本章註(23)］一二三頁は、「いのちの尊厳」は「「個体としての人間に内在する何ものか」であるというよりは、「他のいのちに触れることによって、そうしたつながりの中で現れてくるもの」」だと主張し、森岡正博『生命学に何ができるか―脳死・フェミニズム・優生思想―』(勁草書房、二〇〇一)一一三頁は、「人間の尊厳は、その人を取り巻く人と人との関係性を離れて、それ自体で確保されるわけではない」と述べている。また中山將「人間の尊厳について」『ヒトの生命と人間の尊厳』(高橋隆雄編、熊本大学生命倫理研究会論集3、九州大学出版会、二〇〇二)一六二頁は、「他者との相互的関係において、相手の立場に立つことによって自分の視点を相対化すること」の必要性を指摘する。さらに八幡前掲論文［本章註(26)］一二〇頁は、例えば人間の胚を前にして、「そこには「人の尊厳」は存在するのか、と客体的に問うのではなく」、その胚と自分との関係が「どのようなものであれば「人の尊厳」にふさわしいだろうか、と主体的、あるいは関係志向的に問

（62）う」ことが不可欠だと主張する。このように、八幡氏は問いそのものの転換の必要性を指摘した上で、そのような視点を持つことで、我々はこれから生まれてくるであろう未来の生命に対する「責任」を負うことが可能になると主張する。ただし同氏は、そうした「含蓄のある意味での「人の尊厳」を規範として受け入れるための素地は、日本にはさしあたり存在しないのではないか」とも述べている（一二六頁）。

（63）*Saṃyuttanikāya*, "Sagāthavagga" Ⅲ. 1. 8. 章節の番号と「　　」内の訳文は中村元訳『ブッダ神々との対話―サンユッタ・ニカーヤⅠ―』（岩波文庫、一九八六）一六九～一七〇頁による。

（64）*Suttanipāta* 705. 偈の番号と訳文は中村元訳『ブッダのことば―スッタニパータ―』（岩波文庫、一九八四）一五三頁による。

（65）*Dhammapada* 130. 偈の番号と訳文は中村元訳『ブッダの真理のことば・感興のことば』（岩波文庫、一九七八）二八頁による。

（66）*Dhammapada* 157-160. 偈の番号と訳文は中村訳前掲書［本章註（64）］三二頁による。

（67）二〇〇〇年（平成十二年）三月一〇日にNHKが放送した海外ドキュメンタリー「ローマ法王―ヨハネ・パウロ二世の実像（前編）―」（一九九九年アメリカ製作）による。

ある者の意思が尊重される場合、「社会の許容する範囲内で」という限定を加える必要がある。なぜならば、人間の社会は自他の相互依存によって成り立っている以上、その者が自らの「人間の尊厳」を尊重されるためには、その者自身が他者の「人間の尊厳」を尊重する必要があるからである。具体的には、他者の意思を尊重することが求められるのであり、それは少なくとも、社会の許容する範囲を逸脱しないことを意味している。

(68) 法事や墓参の意義を「人間の尊厳」の観点から検討した試みとして、拙稿「人間の尊厳と年回法要の意義」『教化研修』五〇（曹洞宗総合研究センター、二〇〇六）を参照されたい。

(69) 無脳症児や重度の障害新生児の尊厳に関して、安藤前掲論文［本章註（23）］二四頁が、清水哲郎『医療現場に臨む哲学Ⅱ―ことばに与る私たち―』（勁草書房、二〇〇〇）五一～七六頁等を参照しながら指摘する次の視点も忘れてはならないものであろう。

「「生まれてきて、ここに居る」というそのことだけでそのいのちがもつ固有の価値（仮に人間の尺度によってそれが見い出せないものであっても）という意味での「（個としての）生命の尊厳」への視線を欠かすべきではない。」

(70) 私がクローン人間の産生に反対する根拠に関しては第四章第三節を参照されたい。ただし、仮にクローン人間が産生された場合、生まれてきた人間にはいかなる罪過もない以上、我々はその人間に対して「そこに自分と同じ人間がいる」という認識で接する必要がある。

(71) 浜野前掲論文［本章註（42）］一二二頁。

(72) 河村孝道校註『道元禅師全集　第一巻』（春秋社、一九九一）三～四頁。

(73) 鎌田茂雄『禅とはなにか』（講談社学術文庫、一九七九）一〇九～一一〇頁。

(74) *Mahāparinibbāna-suttanta* Ⅱ. 26. 偈の番号と訳文は中村元訳『ブッダ最後の旅―大パリニッバーナ経―』（岩波文庫、一九八〇）六三頁による。なお、（　）内は引用者が補った。

第三章　臟器移植問題に対する仏教者の立脚点
―個々人の苦しみの立場から―

第一節　臟器移植問題再考の意義

「臟器の移植に関する法律」（臟器移植法）が一九九七年（平成九年）に制定されてから、既に約十年が経過した。それ以来、二〇〇七年（平成十九年）一月に至るまで、脳死体からの臟器提供は五〇件にとどまっている。このような臟器の絶対的な不足を解消するために、臟器提供意思表示カード（ドナーカード）の普及をはじめ、様々な方法が模索されている。その中でも臟器移植法の改正は、臟器の提供者を増やすための絶好の解決策である。しかも、そこでの最終的な目標は、臟器の提供を拒否する意思を文書で遺しておかない限り、すべての死者から臟器の摘出を可能にすることだと言っても過言ではない。もしもそのような改正案が承認されることになれば、脳死と臟器移植の問題は、あらゆる人々にとって身近で切実な問題となるはずである。そうした事態が想定され得る中で、臟器移植の問題を今、再び検討することは、決して無意味なことではない。

ただし、本章では臓器移植の問題に論点を絞ることとし、脳死や他の問題に対しては最小限の言及にとどめたい。さらに、医学や法律学の専門領域に関わる議論には立ち入らないし、臓器移植の是非をめぐって、これまでに仏教界から示された提言のすべてを検証することもできない。本章では、第二章で考察した「人間の尊厳」の仏教的な解釈を念頭に置きながら、仏教者が臓器移植の何を問題とするべきであり、その問題に対していかなる視点から、どのような発言を行い得るのかということを検討することにしたい。具体的には、まず第二節で、臓器移植の問題に対して仏教の立場からは二者択一的な回答をなすべきではなく、むしろ、それぞれの立場の人々の、個々の苦しみを取り除くことを目指さなければならないことを論究する。その後に、第三節では臓器を提供する人としない人、反対に、臓器を受容する人としない人のそれぞれが抱く精神的な苦しみや葛藤を取り除く、もしくは軽減させるための糸口を探ることにしたい。

第二節　二者択一的回答の排除

(一) 是非の二元論を越えて

一九六七年、史上初の心臓移植手術が南アフリカ共和国で行われた。それからわずか一年後の一九六八年（昭和四三年）、日本でも札幌医科大学において、脳死状態の患者から摘出された心臓の移植手術が実施された。当時、日本のマスコミは、心臓疾患に苦しむ患者に福音をもたらす医療としてこの技術を紹介した。ところが、移植を受けた患者が八三日後に死亡すると、その論調は一転し、世間ではこの手術に対する疑念が沸き起こった。そしてこれ以降、我が国では医療機関に対する国民の不信が高まるとともに、脳死体からの臓器移植は事実上凍結された。

しかし、その間にもアメリカをはじめとする諸外国では脳死体からの臓器の移植例が着実に増加し、日本でもその実施を再開しようという機運が一部の医療関係者の間で高まった。このような動きを受けて、一九八三年（昭和五八年）には旧厚生省の中に脳死に関する研究班が設置され、一九八五年（昭和六〇年）には同研究班によって脳死判定基準が公表された。また、一九九〇年（平成二年）に旧総理府内に設置された臨時脳死及び臓器移植調査会は、一九九二年（平成四年）に脳死を人の死とみなした上で臓器移植を認める多数意見とともに、脳死を人の死とは認めないが臓器移植は容認するという少数意見を併記した最終答申をまとめている。そして国会では、一九九四年（平成六年）の初提出以来約三年間の議論を経て、一九九七年（平成九年）に臓器移植法が可決成立した。

そうした中にあって、この問題に対する仏教界の反応は遅いものではなかった。既に第一章でも触れたように、一九八八年（昭和六三年）には日本印度学仏教学会において前田惠學氏を委員長とする臓器移植問題検討委員会が組織され、数次の委員会とシンポジウム等を経て、一九九〇年（平成二年）には委員会見解と委員長覚書が発表された(1)。そして一九九〇年代になると、仏教界の各宗派から、この問題に対する教団としての答申や見解が順次公表されるようになった(2)。それと並行して、この問題を仏教的な観点から考察した諸論文が、個々の研究者達によっても次々に発表された(3)。

それらの答申や論文の多くは、仏教経典の言説や仏教の教義を敷延することで、脳死を人の死とみなすことや臓器移植の是非を、原則論として二者択一的に論じたものであった。中でも臓器移植に関しては、仏教教団の中でも天台宗や日蓮宗が容認する立場を示し、真宗大谷派はそれに反対する見解を表明した。このように判断が分かれたのは、この問題に対して、仏教の立場からは是非双方の論拠を見出すことが可能だったからである。それぞれの答申や論文は、賛否いずれかの論拠を仏教の教義から選択したものだと言っても過言ではない。

けれども、ここで大きな問題となったのは、臓器移植の是非に対して二者択一的な回答を導けば、そのいずれの場合にも、必ず切り捨てられて苦しみを負う人々を生み出してしまうことである。すなわち、臓器移植は容認し難いものだと断定すれば、臓器の移植によってしか生命を維持し得ない人々を切り捨てることになる。また、既に臓器の移植を受けた人々や臓器を提供した人々に対しては、「あなたの選択は誤りであった」という断罪を下し、その人々と家族に救いのない苦しみを押し付けることになる。一方、臓器移植は肯定され得るという結論が導かれた場合、臓器の提供を好まない人々に対しても、その提供を強要する口実を生み出すとともに、臓器の提供を拒否した者には「無慈悲な者」という烙印が押される事態を生みかねない。

そこで、臓器移植の是非を一般論として述べることをせず、この問題を自分自身の立場に限定して、「私ならば」臓器の提供や受容を行うか否かという意見を表明した人もいる。しかし、そのような立場も、本質的な意味では臓器移植の是非を一般論として述べる立場と変わりがない。と言うのも、「仏教の視点にもとづいて、私ならば」という主張がなされた場合、その主張は論者の意図を越えて、仏教の教えにもとづく一般論として受け取られる可能性があるからだ。とりわけ、宗教上や学問上の権威者だと認められている人の場合にはなおさらである。それ故、たとえ「私ならば」という形であっても、臓器移植の是非を二者択一的に論ずることは、その見解に同意し得ない人々に苦しみを与える可能性を否定できないのである(4)。

こうした危険性を回避するためには、最終的には二者択一的な視点から離れるしかないであろう。その意味では、脳死と臓器移植の問題に対して、仏教界の中で最も早い時期に出された日本印度学仏教学会の見解は妥当なものであった。そこでは、臓器移植にはやや慎重な姿勢が保たれているものの、脳死と臓器移植のいずれの問題に対しても、その是非を一方的に断ずることを避け、最終的な判断は「仏教者としての自覚にもとづきつつ、各人が状況に応じて判断し、決断していくべきである」[5]と論じられていた。

これと同じような見解は、曹洞宗や浄土宗等からも提示された[6]。ただし、これら三者の見解には、脳死と臓器移植の問題に対して仏教の立場から是非の一方を選択することは困難であり、やむを得ず二者択一的な結論を回避せざるを得ないという消極的な姿勢が認められる。しかし、これでは生死の問題に対して、仏教界は自らの態度さえをも決定し得ないという誤解を世間に与える恐れがある。

それに対して、臨済黄檗両宗が合同でまとめた次の見解は、同じく二者択一的な結論を回避しながらも、一歩踏み込んだ積極的なものであった。

「一方において「脳死を人の死と認める」ことを可とし、他方において「脳死を人の死と認めない」ことを可とする基準は、「人としての思いの成就」という事にある。かかる事を基準とする立場は、一見、主体性の欠落した無責任きわまりない立場にも思えるであろう。……黒は黒において是とし、白は白において是とするは無為無策のようであり、黒白ともに等しく耳を傾けるは愚者の如きである。しかし、共に等しく是とし得る場を自覚して開き放っておくことは至難の行である。余人にあらず僧侶の僧侶たる主体性はここにある。(7)」

ここで述べられている「人としての思いの成就」とは、自己の主体性を実現することだと言い換えることができる。そして、それを周囲の人々が「わが身に引きくらべて」尊重することは、人間の尊厳を現成《げんじょう》させることだと言えるだろう。ちなみに、この引用文中では、脳死を人の死と認めるか否かが直接の論点とされているが、その内容を臓器移植の是非に応用しても差し支えない。それ故、私はこのような姿勢が、臓器移植の問題を論ずる際にも仏教の立場としては最善だと考える。すなわち、臓器移植の是非をめぐって、仏教の立場からは二者択一的な結論を積極的に排除する必要があることを、誇りをもって世に問うべきだと考えるのである。

その上で、我々は仏教がこの問題に対して、二者択一的な回答を排除する理由を明確にする必要がある。その根拠として、私は少なくとも三つの事柄を提示できると考える。第一は、仏教がキリスト教のような啓典の宗教ではなく、唯一絶対の知識根拠としての神をもたないことである。すなわち、キリスト教では神の言葉を記した聖書のみが拠り所とされ、人々はその記述に従って生きることが最高の倫理だと考えられている。これに対して仏教では、「法（道理）をよりどころとすること（法灯明）」と「自らをたよりとすること（自灯明）」が釈尊によって説かれている。仏教では倫理規範が法（道理）にもとづく個々人の判断に委ねられているのだ。したがって、脳死と臓器移植の問題に関しても、その是非の判断は最終的には個々人が下さなければならないのである。

第二は、大乗仏教の説く「空」の思想と、それを支える「縁起」の理法である[8]。この世に存在するすべてのものは、様々な原因（因）や条件（縁）によって生み出され、それらの原因や条件によって自らのあり方を決定されている。それ故に、いかなるものも永遠不変に存在することはなく、永遠に変わることのない絶対的な真理もあり得ない。視点を変えることによって是非の判断は容易に揺れ動き、そこに一義的な真理を求めることは困難なのである。

そしてこのことは、第三に挙げるべき対機説法という、仏教の教化における基本的な立場と関わってくる。釈尊は相手の立場に応じて、その苦しみを取り除くための教えを説いたと言われている。それと同じように、臓器移植の問題に関しても、相手がどのような状況で、何を苦しみと感じるのかによって、その苦しみを取り除く最適な方法を個々に選択する必要がある。そうだとすれば、臓器移植の是非をめぐる画一的な結論は、むしろ排除されなければならない。この点に関しては、さらに詳しい考察を次に行うことにしたい。

(二) 苦しみの除去を目指して

個々人の立場に応じて臓器移植の是非を考えるとしても、その根底には常に「人間の尊厳」を尊重する姿勢が基本として据えられていなければならない。その上で、人々が抱く精神的な苦しみを取り除くことが目標となる。ただし、取り除くべき苦しみは、医療行為を受ける当事者のみが抱いているとは限らない。臓器移植に関して言えば、臓器の提供者やその受容者と同様に、家族をはじめとする身近な者達もなにがしかの苦しみに直面している。このことは、多くの世論調査を通して、自分自身の（脳）死後（脳死の場合と三徴候死の場合を含む。以下同じ。）の臓器提供には同意しても、家族の（脳）死体からの臓器提供には同意し難いという回答や、自分自身は臓器の受容者になるつもりはないが、自分の子供に臓器の移植が必要になれば、それを認めるかもしれないという回答が数多く寄せられていることからも明らかである。しかもそこには、当事者の抱く苦しみと、家族等が抱く苦しみとが、必ずしも同じではないことが示されている。したがって、苦しみの除去という視点からこの問題を論ずる際には、当事者の苦しみとともに、家族等の苦しみをも視野に入れる必要があるのである。

では、実際にはどのような苦しみが生ずるのであろうか。例えば、臓器の移植を受けなければ生命の維持が困難な場合、それが生体からの移植であれ、あるいは（脳）死体からの移植であれ、ある者は臓器を受容したことで他者を犠牲にしたことを苦しみ、ある者は臓器を受容しなかったが故に、自らの生命を永らえる可能性を閉ざしたことを苦しむだろう。

また、臓器の提供が求められた時に、それが生体からの提供であれば、提供に同意した者は自らの健康と生命が危険にさらされる苦しみを経験し、提供を拒んだ者は身近な他者を見殺しにした苦しみを負うことになる。さらに（脳）死体からの提供が求められた場合、それに応じた者の家族は後々までも自分達の判断が正しかったのかという葛藤に苦しむ可能性があるし、提供を拒んだ者の家族は、臓器提供を呼びかけるキャンペーンが盛んになればなるほど、「彼らは他者を見殺しにした自己中心的な者達だ」といういわれなき中傷に苦しむ可能性が生じてくる。

さらに、臓器を提供する側であれ、それを受容する側であれ、当事者と家族の間でその是非をめぐる意見が対立した場合、自らの意思を圧し殺すのか、相手の意思を無視するのかという別の苦しみも生まれてくる。(9) それどころか、突発的な事故等によって臓器の提供者になった者の家族や、何の前兆もないまま突如として劇症肝炎等の病気に襲われて、臓器移植を受けなければ数日以内に死亡すると宣告された者の家族等にとっては、自分達の気持ちを整理する暇もなく、臓器の提供や受容に対する判断を迫られる(10)。しかも、大多数の人々は、事前にそのような事態を想定だにしていない。そのため、彼らは完全に混乱した状況の中で、周囲の状況に押し流されて決断することになるだろう。

こうした様々な苦しみに直面した人々が、後に自らの判断を悔いたとしても、それを誰が非難できるであろうか。その時に、「あなたの判断は間違いではなかったのだ」と語りかけることによって、彼らの心に安らぎを与えることが、仏教者に求められる姿勢ではないだろうか。そして、そこにこそ個々の人間の尊厳を尊重する姿勢が現れてくるのである。それ故、仏教者は臓器移植に対して明確な是非の判断を下すべきではなく、むしろ臓器を提供する立場としない立場、および、臓器を受容する立場としない立場のいずれをも是認する姿勢が求められる。先に引用した臨済黄檗両宗の見解に示されている「黒は黒において是とし、白は白において是とする」という立場にもとづくことで、衆生済度、すなわちすべての人々を等しく救うことが可能になるのである。

ところで、臓器移植の問題を論ずる際に、苦しみの除去をその基本的な視点に据えることは、個々人の利己的な欲望を多かれ少なかれ肯定することになるという反論が提起されるかもしれない。とりわけ、臓器の受容を望む人の思いを容認することは、その者が抱く生存への執着を無批判に肯定することになりかねない。そのため、このような者に対しては、むしろ他者の生命を犠牲にしてまでも自己の生存を願う欲望の浅ましさを説き、彼らが心静かな死を迎えるための手助けをすることが、真の仏教者の使命であるという主張が起こり得る。(11)

確かに、様々な苦しみは欲望や煩悩から生まれるものであり、苦しみを取り除くためには、生命をも含め、あらゆるものに対する欲望と煩悩を止滅することが不可欠だと仏教は説いている。また、私自身も本書の序論において、仏教は人々のあくなき欲望に対して警告を発し続ける役割を担っていることを指摘した。それ故、この立場にもとづけば、先に挙げた主張は正論であろう。だが、いかにそれが正論だとしても、私はここでその論理を一般化することは不適切だと考える。

なぜなら一般の人々にとって、生存に対する欲望をも含め、あらゆる欲望を残らず止滅することは事実上不可能だからである。しかも、仏教がその歴史の最初から、信者の中に出家と在家という二つの形態を認めていたことには重要な意味がある。と言うのも、在家の信者に対しては、すべての欲望の完璧な放棄はそもそも求められていない。のみならず、漁師が魚の生命を奪い、農夫が畑の中の虫の生命を奪うことを日常的に行っているように、在家の人々は、たとえそれが人間以外の生物ではあっても、最小限の他者の生命をやむを得ず犠牲にする生活を認められてきた。このことは、自らの生命を維持するために他者の生命を犠牲にすることが、少なくとも在家の人々には消極的ながらも認められていたことを示している。他者の犠牲を厭うて、自らの生命維持の欲望をも放棄するべきだという要求は、仏教本来の立場からすれば出家者にのみ向けられるものである。

また、臓器移植を待ち焦がれる者に対して、それを断念するように説くことは、死の強要と同じ意味で受け取られる危険性がある。のみならず、他者の犠牲を期待することなく、自らの生命をまっとうするべきだという主張は、未だ死を自らの現実の問題としてとらえていない健常者の論理であり、生か死かという極限状況に立たされた者にとっては、最も忌避すべきものになるだろう。それは、死の恐怖から生ずる精神的な苦しみの上に、さらなる苦しみを与えることになるはずだ。その結果、彼らはそのような「きれいごと」を語る者に対して、一切耳を傾けなくなるかもしれない。

そして、この問題に関しては、カニバリズム、すなわち人肉食の問題を参考にすることも無駄ではない。とりわけ、餓死を目前にした極限状況の中で、人間が自らの生命を維持するために他者の肉を食する構図は、同じく死を目前にした状況で、自らの生命を維持するために他者の臓器を受容する構図と類似している[12]。この二つの事例を比較することには賛否両論があるけれども、その当否はひとまず措くことにしたい。ここで注目するのは、飢餓の極限状況を経験したことのない人間が、極限状況で人肉を食べた者に対する断罪を行い得るのかという問題である。このことは、文学作品等の形を通してこれまでにも度々追究されてきた。その中でも、武田泰淳氏の小説『ひかりごけ』は、この問題に対する一つの回答を与えているように思われる(13)。

この作品の中で、極限状況を経験したことのない人々が振りかざす「正論」は、自らが他者の犠牲の上に生きていることを忘れた表面的なものに過ぎず、むしろ極限状況の中で人肉を食べた者は、人間存在の罪深さに目覚め、それを深く悔いながらも、その悲しみを必死で「我慢」しなければならないことが象徴的に描かれている。その描写は我々に対して、人間が不可避的に犯さざるを得ない「罪」の自覚を促しているように思われる。またそれは、「わたしがきたのは、義人を招くためではなく、罪人を招くためである」というイエスの言葉や(14)、自らの罪深さに目覚めた「悪人」にこそ、阿弥陀如来の本願による救いを受ける資格があると説く親鸞の教えを想起させるものである。

臓器移植の問題が注目を集める以前から、多くの人々によって考察を繰り返されてきた人肉食の問題は、人間存在そのものが、本来他者の犠牲なくして成り立ち得ないことを改めて我々に問うてくる。それと同時に、生存欲も煩悩である以上、仏教者はその煩悩さえをも取り除く教化を行うべきだという主張は、この厳然たる事実の前に空虚な響きを帯びてくる。結局のところ、人間の「罪」と、人間に不可分につきまとう欲望とをどのように位置づけ、それに対する警告を仏教はどのように発していくのかという根本的な課題が、臓器移植の問題を通して浮かび上がってくるのである。この点については、後に改めて触れることにしたい。

第三節　それぞれの立場の拠り所

(一) 崇高なる決断—臓器を受容しない立場—

仏教者の立場で臓器移植の問題を扱う際には、人間の尊厳を尊重しつつ、個々人の苦しみの除去を目標に据えることが基本である。その上で、臓器を提供する立場としない立場、および、臓器を受容する立場としない立場のいずれをも是認する姿勢が必要である。

そこで、次に求められるのは、各々の立場で生ずる苦しみを取り除くために、きめの細かい対応を仏教の教義にもとづいて準備することである。(15)その際には、臓器移植の是非をめぐる従来の議論の中で、双方の立場に立つ仏教関係者が提示した様々な主張を利用することが可能である。すなわち、それらの主張がどの立場の苦しみを取り除くのに有効かを判断し、それを各々の立場ごとに分類、蓄積しておくことで、ある程度の要求を満たすことができるのである。ただし、その作業を行うためには、それぞれの立場を支える基本的な拠り所を明確にしておかなければならない。この点を、本章の後半部分では考究することにしたい。

まず第一に確認しておくべきことは、臓器を受容しない立場と臓器を提供する立場を支える拠り所は、比較的容易に見出される点である。

とりわけ臓器を受容しない立場については、ほぼすべての人が同意できる拠り所を見出すことが可能である。と言うのも、この立場は人間が抱く最も根源的な生存に対する欲望を、まさに自らの意思で制御するものだからである。そこでは、仏教が目標として掲げる欲望の止滅が実現されているばかりではない。自らの生命を維持するために、他者を犠牲にするという「罪」も避けられる。また、この立場にもとづけば、いかなる臓器の提供をも他者に求める必要がない。それ故、臓器提供を求められた者が経験する様々な苦しみや恐れを他者に与えることもない。これは、施無畏《せむい》と呼ばれる布施に相当する。しかも、ここに挙げた事柄はいずれも正論である。たとえ臓器の受容を拒否した者が、後にその決断を悔いることがあったとしても、決断自体の崇高さがその者の苦しみを幾分は癒すことが可能であろう。それ故、我々はこの立場について、ここでさらなる議論を続ける必要はない。むしろ、ここでの問題は、この者がいかにして迫りくる死の恐怖を乗り越えるのかという点に移っていく。したがって、この者に対しては、安らかな死を迎えるためのターミナルケアこそが求められることになるのである。

(二) 布施行の射程―臓器を提供する立場―

これに対して、臓器を提供する立場に関しては、大乗仏教の説く菩薩の思想と、菩薩による布施行がその拠り所になるだろう。すなわち、菩薩はあらゆる生き物を苦しみから救うという誓願を立てた上で、たとえ自らの救いは後回しになったとしても、まず始めに他者の救いを目指す者である。そのため菩薩には、他者の立場を「わが身に引きくらべ」、自らが願うような安らぎを他者に与えるとともに、自らが望まないような苦しみを他者のもとからも取り除こうとする慈悲の精神が求められる。そして、その具体的な実践の一つとして、様々な執着や欲望から離れた布施行が行われるのである。臓器移植を必要とする人に臓器を提供する行為は、自らの生命や身体に対する執着や欲望から離れ、自らを犠牲にしても他者の苦しみを取り除こうとするものである。その意味で、臓器の提供は菩薩の行う布施行だとみなすことができるだろう。この理論は、梅原猛氏の論考をきっかけにして広く社会に認知されることになった[16]。

ところが、主として臓器移植に反対する人々からは、臓器の提供を布施行とみなすべきではないという批判も数多く示されている。そうした批判の根拠とされたのが、布施行の理想形態である三輪清浄の理念である。これは、布施行が行われる際に、提供者と受容者と提供物のいずれもが、あらゆるとらわれから離れた清浄な状態でなければならないという考え方である[17]。

この三者の中で、提供物の清浄を確保することは比較的容易である。と言うのも、提供された臓器の清浄性は、それが売買や搾取によるのではなく、善意のみにもとづいて、完全に無償で提供されたものであれば一応実現され得るからである。

これに対して、臓器の提供者の清浄性には多少の問題が生じる可能性がある。確かに、提供者自身が何らかの見返りを求めない限り、原則的にはその清浄性を失うことはない。しかし、例えば自らの生体から摘出した臓器を自分の子供に提供する場合には、子供に対する執着心と、自分の子供の健康という私利的な見返りを求める欲望が存在することになる。また、(脳)死体から臓器が提供される場合に、その提供者の家族等が「故人の身体の一部でも、この世のどこかで生き続けてほしい」という願いを抱いたならば、そこには故人への執着が残っていることになる。それ故、このような場合には提供者の完全な清浄性は損なわれることになるのである。

だが、最も大きな問題は受容者の清浄性である。と言うのも、臓器移植が行われること自体が、受容者の側に自らの生命への執着が存在することの証しだからである。したがって、臓器移植の場で三輪清浄の理念が成立する余地はなく、それが成立しない限り布施行はあり得ないと言うのであれば、臓器の提供を布施行だとみなすことは不可能である。

しかしながら、完全な三輪清浄の布施が現実に存在し得るのであろうか。少なくとも今日の日本の仏教界を見る限り、その問いに肯定的な回答を述べることはできない[18]。それにも関わらず、三輪清浄の布施行を、なぜ病気に苦しむ人々、それも在家の人々にのみ強要しなければならないのであろうか。臓器移植に関してのみ、三輪清浄という高いハードルを掲げるのは極めて不合理である。また、そもそも布施行が煩悩具足の衆生を救うという菩薩の誓願に発することを思い起こせば、布施行の中に完全な三輪清浄を要求する必要はないはずである。さらに、釈尊の無数の前世における修行の様子を物語るジャータカ（本生譚）の中には、最高の布施行とされる捨身行、すなわち、自らの身体と生命を他者に施す修行を説くものが数多く含まれている。ところが、それらの中でも、受容者の側に何らかの条件を課す例は少数にすぎず、そこに三輪清浄の原則は存在しないことが既に報告されているのである[19]。

これに対して、ジャータカは後世の仏教徒が創作した作り話であり、それを布施行の論拠に用いることはできないという意見がある[20]。しかし、そのようなことを言い出せば、日本の仏教各派が信仰の拠り所としている大乗経典も作り話であり、阿弥陀如来や観音菩薩等も空想の産物ということになってしまう。これは日本仏教の根幹を、仏教者自らが否定する暴論である。また、ジャータカにおける捨身行の記述は、過去世における釈尊の偉業を称えるものであり、他の者にまで同様の布施行を勧めるものではないという見解もある。[21]だがたとえそうだとしても、ジャータカで賛嘆されている釈尊の行為は、その教えを受け継ぐ仏教徒にとっての最高の理想像だとみなすべきではないだろうか。事実、東南アジアの上座仏教圏では、臓器提供がまさに布施行として行われており、スリランカではジャータカに述べられているシビ王の眼施にならって、角膜の提供が行われているという。いずれにせよ、これらの事柄に照らし合わせれば、臓器移植の問題に三輪清浄の理念を持ち込み、それを根拠として臓器提供を否定するべきではないと私は考える。三輪清浄はあくまで布施行における究極的な理想として、見果てぬ夢と位置づけるべきではないだろうか。

ところで、臓器の提供は布施行ではないと主張する人達の中には、これとは異なる理由を挙げる者もいる。すなわち、布施行は仏道修行を目的とするものでなければならないという理論である。[22]確かに、大乗仏教が説く菩薩は悟りを目標とする仏道修行者である。けれども、菩薩は自らの救いを後回しにしても、他者の救いを求める者である。つまり、菩薩は自らの仏道修行を後回しにしても、他者の苦しみを取り除くべく努める者であるはずだ。そうだとすれば、臓器の提供が仏道修行と結び付かなくても、それを布施行とみなすことに何らの障害もない。それどころか、布施行は仏道修行と結び付かなければならないという姿勢は、自らの悟りへの執着にもとづくものであり、それこそが私利私欲にまみれた態度として、提供者の清浄性を損なうことになるだろう。悟りへの執着さえをも捨て去った時、はじめて真の布施行は成り立つはずである。それは、一切のはからいを捨てすべてを阿弥陀如来の本願に委ねよと説く親鸞の教えや、「仏に逢ふては仏を殺し」と喝破し、「仏」への執着を断つことを説いた中国の禅僧、臨済義玄の教えに通ずるものだと言えるだろう。

また、臓器の提供が布施行となるためには、その提供者に仏教徒としての自覚が必要だという意見もある。(23)だが、この場合の「仏教徒」とは、いかなる意味を指すのであろうか。それが仏道修行を目指す者という意味であれば、この意見は布施行と仏道修行とが結び付かなければならないという主張と同じである。一方、それが単に仏教寺院の檀家の一員だという自覚であれば、そのようなものを布施行の条件に課す必然性はまったくない。そして残念ながら、毎日熱心に仏壇を拝み、周囲の人々から信心深いと思われている人が、寺院にも神社にも参拝する自分のことを「無宗教」だと称する今日の日本において、「仏教徒」という自覚が一般に成立すると考えるのは幻想である。つまり、仏教徒としての自覚が布施行の前提だという意見は、単なる建前論にすぎないと言わざるを得ないのである。

さらに、臓器の提供は慈善行為、もしくは世俗的な善行ではあっても布施行ではないという主張もある[24]。けれども、これまで述べてきた事柄に鑑みれば、慈善行為と布施行との違いはどこにあるのだろうか。むしろ、真の慈善行為は布施行にほかならないと私は考える[25]。また、仮に臓器の提供が仏教の説く布施行ではないとすれば、仏教は臓器提供を肯定するいかなる拠り所を持ち得るのであろうか。もしもその拠り所がないとすれば、臓器を提供した後にその決断を悔いる人々が現れたとしても、仏教者はその者の苦しみを放置せざるを得ないだろう。それは、仏教がその役割を放棄するに等しい。このように考えた場合、仏教は臓器の提供を布施行だと認める立場を選ばざるを得ないのではないだろうか[26]。

ただし、布施行の思想を無制限に拡大適用することは危険である。臓器の提供を布施行と認めるためには、少なくともそれが提供者自身の自発的な意思にもとづく無償の行為でなければならない[27]。それ故、他者に説得、もしくは強要されて行う提供や、売買を目的とする提供は布施行と言うことはできない。また、ある者の（脳）死後に、その明確な意思が確認できないにも関わらず、周囲の人々の判断のみによって臓器が提供されることも布施行だとは言い難い[28]。したがって、臓器の提供は本人の意思にもとづくという現行の臓器移植法の原則は妥当である[29]。これもまた、「人としての思いの成就」、言い換えれば、主体的な自己を生きるという意味での人間の尊厳の尊重に他ならない。

ところが、同法の改正に向けて、旧厚生省の厚生科学研究費研究班が二〇〇〇年（平成十二年）八月にまとめた「臓器移植の法的事項に関する研究」の最終報告書においては、「我々は、死後の臓器提供へと自己決定している存在なのである」という驚くべき主張とともに、この「本人の意思」原則の廃止が提言された。[30] さらに、自由民主党の河野太郎衆議院議員が中心となって作成された「臓器の移植に関する法律の一部を改正する法律案」でも、「本人の意思」原則の廃止が求められている。[31] しかしながら、このことは布施行の観点から見ても、あるいは人間の尊厳から見ても、同意し難い主張だと言わざるを得ないであろう。

(三)「罪」の位置づけ―臓器を受容する立場―

臓器移植の実施には、臓器の提供者とともに、当然のことながらその受容者の存在が前提になる。ところが、提供者の立場とは対照的に、受容者の立場を正当化する拠り所を見出すことは難しい。しかも受容者に対しては、「生命への執着が強すぎる」とか、「他者を犠牲にしてまで自分の欲望を追求するべきではない」という批判が陰に陽に向けられる。そのことが、臓器移植を待ち望む者にとっての精神的な負担になるであろうし、移植を受けた後には、自分自身の中でその思いがますます強まっていくであろう。

実際に脳死体からの肝臓移植を受けた青木慎治氏によれば、移植後も「自分の命の再生は、誰かの「死」によって贖われたものという意識があって未だになじめない」ことに苦しみ、「一番の関心事は移植を受けた臓器をどう位置づけ、認識し、評価するかということ」になったという。さらには、今は亡き見知らぬ臓器提供者の姿を夢想したあげく、「妄想はしだいに結像し、傷つき倒れた彼か彼女の体に御両親がすがりつき涙にむせぶ、そんな情景がぼーっと薄暗い部屋の片隅にテレビの画像のように再現される」ことになる。そのような苦しみを拭い去るために、あえて「肝臓はもう俺のものだ。臓器に意志はなく、誰それのものということはない」という不遜な言葉を口にしたりしたというのである。(32)

臓器の受容者が経験するこのような苦しみを取り除くためには、やはりこの者の立場を擁護するための拠り所を見出すことが必要である。そこで、例えば天台宗の答申は、この課題に対して次のような回答を試みている。

「受ける側（レシピエント）にとって臓器の提供を受けることは、臓器の欠陥によって限られている命を、移植によって延命させることである。すなわち自分の受けるべき業を変えることを意味する。天台教学では決定業（結果を受けるべき業）も、敬虔な祈りによって転じることがあり得るとしており、臓器を受けることは容認し得るところである。[33]」

この提言には苦心の跡が窺われる。しかし、それはあまりにも教学的傾向の強いものであり、苦しみに悩む人々の感情に訴える力が弱いように思われる。

一方、浄土宗はその答申をまとめるにあたり、この受容者の立場をいかにして正当化すべきかという点に大きな関心を払っている。そして、次のような考え方を「答申にあたって」の中で表明した。

「念仏を申すわが身が病いにおかされていたのでは、思う存分に念仏を申し続けることができない。だからこそ、わが身をととのえて念仏を申しやすくするために、治療をうけるのであって、決して延命を目的とした治療であってはならない。治療をうけることによって、念仏を申す上での障りがのぞかれ、しかも肉体的生命が少しでも伸びれば、伸びるだけ「念仏の功をつむ」機会にめぐまれることになる、というのが宗祖上人のいつわらざるお心であります。」

その上で、「世俗的・肉体的生命〈いのち〉を宗教的生命〈いのち〉へ昇華させるべき」であり、「その意味で臓器移植は、このことを実現してこそ宗教的に認容されるとかんがえてよいと思う」と論じている。[34]この考え方は、念仏者のみならず、仏道修行者にまで一般化することができるであろう。さらに、それは「ただ生きるのではなく、よく生きる」

ことを目指すあらゆる者にまで敷延することが可能である。しかし、たとえそうだとしても、臓器の受容者が抱える最大の問題、すなわち、他者の生命を犠牲にしてまでも、自らの延命をはかることが許されるのかという点は未解決のままである。

この難問を乗り越えるためには、あるいは一種の開き直りが必要になるのかもしれない。そこで思いつくのが、やはり菩薩による布施行の理論である。先にも述べたように、布施行は煩悩具足の生き物を救うという菩薩の誓願に由来する。つまり、布施の受容者は、所詮様々な煩悩に苦しむ存在であり、自らの力でその苦しみから逃れることのできない凡夫である。そこで、仏教者は臓器の受容者に対して、自らが生命への執着から逃れられない者であることを、むしろ徹底して自覚するように勧めるべきなのかもしれない。それによって自らの無力を悟り、謙虚な気持ちで菩薩行にすがる姿勢を生じさせることができるのではないだろうか。そうすることで、はじめて受容者のとらわれが取り除かれて、清浄性が示現すると私は考える。

同時にそのことは、他者の犠牲の上に自らの生存を願う「罪」を、より鮮明なものにするだろう。確かに、それは一時的には苦しみの激化をもたらす。けれども、あらゆるものは相互に支えあうことで存在しているというのが、仏教の説く縁起の理法の一つの解釈である。そして、それ故にこそ、あらゆるものは全世界を結ぶ縁起の網の中心に位置することができるのである。けれども、そのことは反対に、すべての生き物は本来的に他者の犠牲なくして生きることができないことをも意味している。つまり、他者の犠牲に支えられて生きているのは臓器の受容者のみではないのである。無論、このことが臓器の受容者の「罪」を帳消しにするものではない。しかし、「罪」を普遍化させることで、それにもとづく苦しみを少しは軽減させることができるのではないだろうか。

あるいは、この「罪」を直視するようになった時、その者の中には「罪」の自覚にもとづいて、犠牲となった他者への感謝が自然に生まれてくることもあるだろう。先にその体験談を参照した青木氏は、「我々も又、死によって提供者になり得ることを思」うことで、自らの苦悩を打ち消そうとしたという(35)。この姿勢は、単に自らの「罪」から目を背けるのではなく、自ら「罪」を負い、それに報いる覚悟の芽生えを表すものである。その覚悟が定まった時、人はあくなき欲望への戒めを自ら悟ることになるのではないだろうか。そして、その時にはじめて苦しみを自らの中で昇華し、その苦しみと穏やかに向き合うことができるのかもしれない。

このような態度を仏教的に表現したのが「懺悔《さんげ》」という言葉である。「懺悔するが如きは、重きを転じて軽受《きょうじゅ》せしむ、又滅罪清浄ならしむるなり(36)」という『曹洞教会修証義』の一節は、まさにこの瞬間をとらえたものだと言えるだろう。また、先に言及した武田泰淳氏の小説『ひかりごけ』の中で、極限状況において人肉を食べた主人公は、法廷で人々の非難の眼差しを一身に浴びながら、「私は我慢しているだけですよ」と静かに語っている。[37]それこそが、自らの「罪」を懺悔《さんげ》した者の姿であろう。

小川一乗氏が主張する「仏教における慈悲とは厳しいものである。苦しんでいる人の苦を単に取り除くのではなく、その苦の意味を問い苦の原因を明らかにし苦より解放することが本当の意味での仏教の慈悲の精神である[38]」という姿勢は、このような場面でこそ発揮されるべきものである。そしてその背後には、「一方で、慈悲を強調しながら、他方、人間の深い煩悩の世界を凝視している[39]」という仏教の本質が存在する。のみならず、主体的な自己として、世界の中心に位置していることにもとづく人間の尊厳は、他面では世界のあらゆるものに対して、何らかの犠牲を強いざるを得ないという陰の部分をも必然的に負っている。人間の尊厳と言えども一方的な善の概念ではあり得ない。それどころか、そうした負の側面をもすべて含めたところに、人間の尊厳は立ち現れてくることを仏教の教えは示している。そうだとすれば、仏教が社会に向かって生死の問題を語る時には、人間存在の根源に潜む「罪」を隠蔽するのではなく、むしろその意味を問い直す使命を担うことになる。そのことが、ひいては臓器の受容者への批判を解消し、その立場を消極的な形ではあれ、擁護するための拠り所になるのではないだろうか。

とは言え、懺悔の念は自然に生じてこそ意味がある。それ故、臓器を受容した者に対して他者が懺悔を強要するべきではない。仏教関係者が臓器移植の問題を論じる際にも、臓器の受容者に向かってその提供者に対する悼みと感謝の念、さらには、臓器を受容した後の報恩的な生き方を要求している例がしばしば見られた[40]。しかし、提供者の犠牲の上に自らが生かされていることを痛切に自覚し、それに対する感謝を最も強く感じる一方で、それによって最も苦しんでいるのは受容者自身である。その者に対して他者が感謝の念を要求することは、受容者の苦しみをえぐる行為に等しい。さらに、受容者に対して報恩的な生き方を要請することは、彼ら自身が将来の臓器提供者になることを強要する危険性をもはらんでいる。臓器の提供者にならない自由を彼らからのみ奪うことは、病気による差別だと言わざるを得ないだろう。そうだとすれば、受容者自らが懺悔の念を起こし、報恩的な生き方を選び取ることを、仏教者は静かに見守るべきではないだろうか。受容者の苦しみを取り除くために、一方では「罪」の自覚を促し、他方では彼ら自身の選択を静かに見守る。この相反する二つの立場の一方に偏ることのない、まさしく中道の姿勢が仏教には求められていると私は考える。

㈣　非合理性の復権──臓器を提供しない立場──

臓器移植の実施に関わる四つの立場の中で、最後に残されたのが臓器を提供しない立場である。現在の日本であえてこの立場の正当化を行う必要は少ないかもしれない。なぜならば、今日の日本人の大半がこの立場に属しており、臓器を提供しないことに対して特別な批判を浴びることはないからである。また、現行の臓器移植法に従えば、本人が臓器の提供に同意する意思を文書で遺しておかない限り、（脳）死体からの臓器提供を求められることはない。そのため多くの人々にとっては、自分の臓器や家族の臓器の提供を求められることは、通常ではあり得ない。それ故、臓器の提供を拒否する事態に直面することもなく、臓器を提供しないことでなにがしかの苦しみを経験することもあり得ないからである。

けれども、この立場を支える拠り所を示す必要がまったくないわけでもない。先にも触れたように、血縁関係者の中から緊急に臓器の移植を必要とする者が現れた場合、自らが臓器を提供するか否かという選択を、突如として迫られることも稀にはあり得る。その際に提供を拒否すれば、親しい者を見殺しにしたという苦しみを負うことになるだろう。また、臓器移植法が改正されて、本人の意思が確認できなくても臓器の摘出が可能になった場合、我々は家族の死を看取るたびに、臓器の提供に同意するか否かの決断を迫られることになる。そうなれば、その要求を拒絶する者は、自らの決断の拠り所をどこかに求めることになるだろう。

しかしながら、臓器を提供しない立場の理論的な根拠を仏教の中に見出すことは、臓器を受容する立場の場合と同じく難しいように思われる[41]。確かに、社会一般における議論の中では、この立場を擁護する意見が数多く示されてきた。とは言え、その多くは臓器移植そのものに対する反対や、医学上、もしくは社会制度上の不備を論拠とするものであり、それ以外の見解は感覚的、感情的な理由を挙げるものが大半であった。

そうした中でしばしば指摘されたのが、臓器移植の概念はキリスト教にもとづくものであり、日本人の心情や宗教観にはなじまないという理論である。既に梅原猛氏をはじめとする多くの人々が論じているように、臓器移植の思想が、キリスト教の世界観にもとづくデカルトの物心二元論と機械論的世界観から生まれたことは認められてよいであろう。また、その思想が後にアメリカで発展したプラグマティズムと結び付くことで、いよいよ臓器移植が現実のものになったことも理解できる[42]。だが、たとえ臓器移植の思想の来歴がそうだとしても、そのことが直ちに、日本における臓器移植の普及を妨げる理由にはならないと私は考える。

と言うのも、明治維新以来約一四〇年にわたり、日本、および日本人はキリスト教にもとづく様々な文化を導入してきた。そして、第二次世界大戦以後、その傾向はますます強まり、今日では日本人の生活のすみずみにまで西洋文化の影響は浸透している。しかも、それらの影響を抜きにして、今日の日本の社会構造や日本人の精神構造を語ることは不可能である。そのような中で、ある思考様式が日本人に受け入れられないことの理由を、それがキリスト教に由来するという点に求めるのは、問題の本質をとらえた議論だとは言えないだろう。

では、なぜ臓器移植は日本人の心情になじまないのか。ここでよく考えてみれば、日本にも臓器移植を心待ちにする患者は数多く存在する。と言うことは、日本人の心情になじまないのは、特に臓器を提供するという観念だと言い換えた方がよさそうである。そして、その最大の理由は、たとえ（脳）死後であったとしても、自らの身体から臓器が摘出されて、それが他者に移植されるということが、多くの人々にとっては目新しいこと、馴染みのないことであり、それ故に何となく不気味で気持ちが悪く、心情的に受け入れ難いという点にあるのではないだろうか。そうだとすれば、これは西洋対日本の文明論の問題ではなく、やはり我々の感情論の問題である。[43] しかも、導入された当初は多くの物議を醸した輸血医療や人工授精が、今では通常医療の一環として行われているように、日本においても臓器の提供が一般に受け入れられるようになるか否かという問題は、人々がそれを数多く経験するか否かにかかっているように思われる。

とは言え、臓器の摘出と移植に対して抱く不気味さや気持ち悪さ、すなわち言葉や論理では説明できない主観的な感情が、現在の日本人にとっては臓器の提供を拒否する最大の根拠になっていることは確かだろう。それ故に、この感情を非合理的だと言って無視するわけにもいかない。実は、臓器を提供しない立場の拠り所をめぐって、仏教が果たすべき役割はまさしくこの点にあると私は考える。

そもそも近代から現代にかけての時代は、論理と客観性に最大の価値を置く合理主義万能の時代だとみなすことができる。その中にあって、人間の主観的な感情や、それを重視する宗教は、合理主義と真っ向から対立するものとして真っ先に切り捨てられてきた。そして、この合理主義を強引に推し進めた結果、人々は論理と客観性によって人間の「心」を把握することに失敗し、世界の各地で「心」の荒廃が叫ばれる事態に直面したのである。

のみならず、近年ではどの時点を個々の生命の始まりとみなし、どの時点を個々の生命の終わりとみなすのかという基本的な問題に対して、医学でさえも一律に規定することができなくなった。言い換えれば、最も合理主義を重視するはずの近代自然科学の領域でも、合理主義は回答を下すことができなくなっているのである。まして、人間の生死の問題は、

「心」によって生み出される感情と不可分に結び付いている。それを合理主義的思考のみで論ずることができるとは、到底思えないのである。そこに、宗教の、さらには仏教の復権する余地がある。

では、宗教とは何か。もちろん、この問題は簡単に回答を出し得るものではないし、宗教をどの角度から眺めるのかによって、その相貌も異なったものになる。そこで、今はただ一つの点に焦点を当てることにしたい。それは、いかなる宗教であれ、その究極的な部分には必ず言葉では説明し得ないもの、論理では把握し得ないもの、合理主義的思考では理解し得ないものを持つことである。

神学者でもあったルドルフ・オットーは、宗教の本質をなす概念は「聖なるもの」であると述べ、その最も本源的な要素を「ヌミノーゼ」と名付けた。それは人々を戦慄させる要素と人々を魅了する要素をあわせもつものであり、戦慄させる要素には薄気味悪さと優越という意味が含まれている。そして、その本体は合理的要素一般を差し引いたもの、すなわち言葉では説明し得ないものであり、感情によってのみ把握され得るものだと説いている。(44)

一方、宗教社会学者でもあるマックス・ウェーバーは、あらゆる宗教は多かれ少なかれ現世の意味の把握を目指しており、それは非合理的な領域、すなわち彼の言う「呪術の園」においてしか行い得ないと論じている[45]。つまりウェーバーも、宗教が非合理的な事柄の解明をその使命の一つとしていることを認めているのである。

いずれにせよ、宗教は非合理的なものと真正面から対峙し、それに積極的な評価を与えてきた人間の知の営みである。そして、その営みの歴史が宗教の歴史を築き上げてきた。したがって、合理主義のもとで片隅に追いやられてきた人間の「心」とそれにもとづく感情に、改めて正当な評価を与え、その復権をはかることは今日の宗教に与えられた使命だと言えるのではないだろうか[46]。

また、オットー自身の学説からは若干逸脱するものの、我々が臓器の摘出に対して拒否反応を抱くのは、その臓器になにがしかの「聖なるもの」を認めているからではないだろうか。すなわち、我々は身体から摘出された臓器がピクピク動いている様子を想像し、そこに「薄気味悪さ」を感じる。それと同時に、その臓器がなければ自分自身が生きられないことを思い、自らの生命に対するその臓器の「優越」を感じ取る。その一方で、その臓器が正常に機能すればこそ、自らの生命が維持されることを知っており、それ故に、たとえ自らの死後であっても臓器を自分の体内に留めておきたいと考えるのである。

理性的に構築されたものではなく、あくまで「心」の領域で、感情的に生み出されたこのような思いを、我々は日常の中で完全に無視することはできない。臓器移植の是非を論ずる際に、二者択一的な結論を回避するために語られた「人としての思いの成就」という観点も、まさしく「心」の問題そのものであった。しかも振り返ってみれば、既に第二章で論じたように、人間の尊厳の概念も最終的には主観的なもの、非合理的なものでしかあり得なかった。そうだとすれば、「論理的には説明できないけれども、臓器の提供には感覚的に同意できない」という理屈に対して、少なくとも論理的な主張と同等の評価を与える必要が出てくるだろう。合理主義が正当な論拠として相手にしてこなかった人間の「心」と感情を、「宗教」とともに議論の場に復権させる事態が現れているのである。

さらに、究極的なものは言葉で表現できないということは、伝統的に仏教、とりわけ大乗仏教が空の思想を通して説いてきた事柄である。言葉はそれ自体が論理的な無謬性を備えておらず、言葉が現実の世界を完璧な形で表すことはできない。そのために、言葉を過信すると我々は真実を見失う。インドで生まれたこの思想は、後に東アジアに伝わると、言葉の代わりに「心」と感性を重んじる思想に変貌した。そして、最終的には不立文字《ふりゅうもんじ》、すなわち言葉の使用を拒絶し、以心伝心を尊重する禅の立場を生み出した。言葉では説明のできない何か、「心」でしかとらえることのできない何かを重視する姿勢は、仏教がその一翼を担いながら培ってきたものである。さればこそ、臓器の提供を拒否する非合理的な論拠に対して、仏教は正当性を与える役割を果たし得ると私は考えるのである。

ただし、このような主張は、合理主義に基盤を置く近代的な学問のあり方、もしくは近代以降の時代精神に対するアンチ・テーゼに結び付く。そして、その主張を発展させるためには、近代合理主義の限界を、それこそ論理的に証明したり、あるいは人間の生死の問題が、近代以降の諸著作の中でも非論理的に扱われてきた、もしくは、そのように扱われざるを得なかった歴史を徹底的に跡付ける作業が必要になるかもしれない。事は単に生命倫理の問題にとどまらず、途方もなく拡大する可能性を秘めている。残念ながら、私にはそこまで議論を広める準備はない。しかし、少なくとも生命倫理の問題が、そのような方向性をもっていることだけは意識しておく必要があるであろう。

第四節　中道を求めて

さて、本章での議論を終えるにあたり、改めて強調しておきたいことがある。それは、この考察を通して、私が臓器の提供や受容に対する賛成、もしくは反対という、一方を支持する立場の表明をしようとしているわけではないということだ。確かに、私は本文中において、布施行の思想が臓器提供を肯定する論拠にはなり得ないという主張に対して執拗な反論を試みた。しかし、それだからと言って、私が布施行の思想を強調し、それを根拠にして臓器提供を社会全体に求めようとしているわけではないし、まして、それが仏教的に唯一正しい立場だという一般論を導こうとしているわけでもない。

私は、仏教の最も根本的な存在意義は、人々の苦しみを取り除くことにあると考えている。それは、誰もが世界の中心に位置する存在として、自己の思いの成就、すなわち、自己の主体性の実現を目指す立場でもある。この観点にもとづいて、私は臓器を提供する者としない者、臓器を受容する者としない者のそれぞれに対して、その立場を擁護するための拠り所を仏教の中から見出そうとしただけである。仏教者がある特定の立場に偏る見解を公表し、それを他者に強要することは厳に慎まなければならない。言い換えれば、いずれの立場にも偏ることのない中道の姿勢を示すことが、仏教者には求められるのである。

ちなみに、四つの立場のすべてに対して、その各々を支える拠り所を提示し、その中から個々人が自らの希望する立場を自由に選択するということは、多彩な仏教の教義の中から自分の立場に適したもののみを恣意的に選び取ることにならないのかという批判が起こるかもしれない。しかし、そのような批判は的外れである。本人、もしくは家族が臓器の提供者や受容者になるという、予期せざる事態に直面した個々人の苦しみを取り除くためであれば、仏教の教義が「恣意的に」用いられたとしても、それは何ら非難されるべきものではない。むしろそれこそが、仏教において対機説法が求められる所以である。

それよりも、仏教界が自らの教義の純粋性に固執するあまり、個々人の苦しみを放置するようなことがあれば、それこそ仏教は存在意義を自ら放棄することになってしまう。また、日本の仏教各派が自らの宗派の枠組みにとらわれて、一般化し得ない特殊な教理ばかりを並べ立てたところで、それは現実的な対応とはなり得ない。むしろ、各宗派がその枠組みを乗り越えて、希望する者があれば誰にでも受け入れられるような見解を、仏教界全体として数多く準備しておくことが必要である。あえて繰り返すならば、臓器移植の問題を前にして、仏教者の拠るべき立脚点は個々人の苦しみを取り除き、彼らの尊厳を現成《げんじょう》させること。そして、そのためには、それぞれの苦しみに応じた処方箋を用意することに尽きるのではないかというのが私の見解である。

註

第二節

（1）第一章註（2）を参照。

（2）この問題に対する答申や見解が、臨済黄檗両宗（一九九二）、浄土宗（一九九二）、立正佼成会（一九九四）、日蓮宗（一九九四）、天台宗（一九九五）、真宗大谷派（一九九七、一九九九）、曹洞宗（一九九九）の各教団から公表されている（公表順。詳細は本章註末を参照）。ただし、この中には臓器移植法案の国会提出前に発表されたものと、審議中に発表されたもの、あるいは、法律制定後に発表されたものが含まれており、その論調は必ずしも同じではない。また、浄土真宗本願寺派（一九九七～一九九九、一九九九）は、この問題に対する教団としての統一見解を出さない方針を示している。

（3）生駒孝彰『私の臓器はだれのものですか』（NHK出版・生活人新書、二〇〇二）には、臓器移植の問題に対する我が国とアメリカの宗教各派、並びに宗教関係者の見解が手際よくまとめられている。

（4）もっとも、脳死や臓器移植の問題に対して、二者択一的な回答を示した答申や見解が相次いで発表されたのは、臓器移植法の成立以前であった。すなわち、脳死体からの臓器移植を実施すべきか否かという原則論の確立をめざして、社会全体が二者択一的な議論を繰り広げていた時期である。それ故、仏教の立場からこの問題を二者択一的に論じることは、当時としては社会的にも要請されていた事柄であり、重要な意味を担っていたことは確かである。

（5）前田惠學「臓器移植問題検討委員会の歩み」『印度学仏教学研究』三九（一）（一九九〇）二九六頁。

（6）曹洞宗答申書［本章註末］三頁では、「脳死・臓器移植については、仏教ないし禅の世界観からは、是とする意見もあり得ると同時に、非とする見解もあり得て、宗門としてイエスかノーかといった二者択一的な結論は出し得るものではない」とした上で、「この問題は、あくまで宗門人個々の宗教者としての自覚と関心の上に選択、決定されるべき事柄である」という結論が導かれている。また、浄土宗報告［本章註末］二一頁ではその答申に当たって、「臓器移植の賛否いずれかを浄土一宗の意志として表明することは、まことに困難なことである。……したがって賛否のいずれを採択するのではなく、臓器の移植を受けた当人が、何の目的あって他人の臓器を頂戴したのか、……といった内面的思考を持つように導」き、そのために法然上人の生命観等を示すことが重要だという見解を表明している。

(7) 臨済黄檗両宗研究報告［本章註末］。

(8) 空と縁起の思想の概略については第二章第三節㈠を参照。

(9) 当事者の視点と家族等の視点をあわせて考慮の対象とすべきことは、脳死を人の死と認めるか否かという問題にも同じように当てはまる。この点についての考察は第四章第二節で改めて行う。

(10) 劇症肝炎により、肝臓移植を受けなければ数日以内に死亡すると診断された場合、直ちにその血縁関係者の間で移植に適した肝臓の持ち主を探す作業が始められるとともに、その肝臓の持ち主と他の親族との間で、肝臓の提供に同意するか否かの話し合いが行われることになる。その生と死をめぐる緊迫した話し合いの状況が、一九九九年（平成十一年）五月十四日にNHKスペシャル「命をめぐる決断—生体肝移植・家族の記録—」の中で放映された。

(11) このような主張の一例として、小川一乗「脳死・臓器移植についての一仏教徒の視点」『印度学仏教学研究』三九（二）（一九九〇）三四二頁は次のような意見を表明している。

「臓器の提供によって延命が計られてもそれが死よりの逃避にしか過ぎないもの《ママ》であるならば、それは自己愛（生への執着）を助けただけで、一時的な気休めでしかなく仏教が教える救済とはならないといえよう。「死すべき身」として死を安らかに受け入れていく心を開かせしめることこそが、仏教の慈悲の精神である。」

(12) このことは、早くから梅原猛「脳死・ソクラテスの徒は反対する—生命への畏怖を忘れた傲慢な「脳死論」を排す—」『「脳死」と臓器移植』（梅原猛編、朝日新聞社、一九九二）二三四〜二三五頁、波平恵美子『脳死・臓器移植・がん告知—死と医療の人類学—』（福武文庫、一九九〇）一七四〜一八一頁等によって指摘されてきた。

(13) 武田泰淳『ひかりごけ・海肌の匂い』（新潮文庫、一九六四）。

(14) 『聖書』（日本聖書協会、一九八四）より「マルコによる福音書」第一章一七（「新約聖書」五三頁）。

第三節

(15) このような姿勢は、既に藤井正雄「臓器移植と日本文化」『教化研究』二（浄土宗総合研究所、一九九一）四〇頁が次のような表現で提起していたものである。

「いわゆる仏教と臓器移植を考える場合、おかれているその状況に応じて、私どもが真理に照らして法を説くということが、基本になるのではないか。それには、やはりその状況に応じて法を説けるだけの教義的準備が我々には必要であろうと思うわけでございます。」

(16) 梅原前掲論文［本章註（12）］二三一〜二三六頁。

(17) 例えば前田前掲論文［本章註（5）］二九九頁、田代俊孝「心の問題としての「延命」」『月刊住職』一九九一年五月号（金花舎、一九九一）三〇頁。

(18) 現代の日本における布施の理念と現実の懸隔に関しては、拙稿「「布施」をめぐる理念と現実の懸隔—臓器移植と葬式仏教—」『曹洞宗研究員研究紀要』三四（二〇〇四）を参照されたい。

(19) 岡田真美子「捨身と生命倫理」『印度学仏教学研究』四八（二）（二〇〇〇）。ちなみに、法隆寺の玉虫厨子には、釈尊の前世の一つであるサッタ王子が、飢えた虎の親子に自らの身体を餌として与える姿が描かれている。その「捨身飼虎」の物語は、捨身行の典型的な例である。

(20) 小川一乗『仏教からの脳死・臓器移植批判』(法蔵館、一九九五) 六一～六三頁。

(21) 柏原信行「パーリ仏教と生命倫理」『印度学仏教学研究』四八(二)(二〇〇〇) 一〇〇五～一〇〇四頁。

(22) 一例として、小川前掲論文［本章註(11)］三四三頁は、「菩薩行・布施行としての捨身ということは、自らの命をかけて仏道を求め、仏道の為に自らの身命をも捨てるということである。仏道の為という目的のない捨身は単なる自殺でしかない」と述べている。ただし、同氏はその直後に、「親が子を思う心は単なる自己愛として片付けられないであろう」から、「現に親から子へ生体からの肝臓移植がおこなわれているがそれは許容されるべきではないであろうか」と論じている。だが、親が自分の子供に対してのみ臓器を提供することは、子供への執着の表れにほかならず、それこそが小川氏の言う「自己愛」の極致である。それ故、小川氏のここでの論理は矛盾したものである。

(23) 一例として曹洞宗答申書［本章註末］六頁が挙げられる。ちなみに、この答申書がそのような条件を示したのは、布施行の思想が「一般社会に臓器提供を強要する理論として利用される危険性」を回避するためであった。しかし、そのような危険性を避けるためであれば、「他者の苦しみへの共感(悲)によって、その人の苦を除きたいという主体的願望」(中野東禅「脳死・臓器移植に対する仏教的視点」『教化研修』三二、曹洞宗教化研修所、一九八九、五〇頁)の確認で十分であろう。

(24) 北塔光昇氏は、臓器の提供は自他の悟りを目的としていないので、布施行ではなく世間的善行だと主張する。ただし、その行為は慈悲の心に通じており、広い意味での仏教的善行と言い得るものだと同氏は述べている（『仏教と脳死・臓器移植』永田文昌堂、二〇〇一、三二〜四二頁）。だが、慈悲の心にもとづく行為を菩薩行と呼び、布施行もその中に含まれる以上、北塔氏のこの論理は奇妙である。

(25) 『曹洞教会修証義』「第四章発願利生」における次の一節は、そのことを端的に示していると言えるだろう。

「其《その》布施というは貪《むさぼ》らざるなり、我物《わがもの》に非ざれども布施を障《さ》へざる道理あり、……但《ただ》彼が報謝《ほうしゃ》を貪らず、自らが力を頒《わか》つなり、舟を置き橋を渡すも布施の檀度《だんど》なり、治生産業固《もと》より布施に非ざること無し、」

(26) 布施行を理由に脳死体からの臓器提供を認めた場合、同じ理由で脳死体を医学教育や実験の材料、さらには臓器の貯蔵庫等、様々な形で活用することを容認せざるを得なくなる危険性を森岡正博氏が指摘している。そこで同氏は、このような危険性を抑止するために、生命を大切にする思想と執着を滅する思想を菩薩行の思想に組み込むことを提言している（『生命観を問いなおす―エコロジーから脳死まで―』ちくま新書、一九九四、一六八〜一八三頁）。だが、生命を大切にする思想は医学の発展と矛盾するものではなく、執着を滅する思想は脳死体への執着を取り除くものだというように、これらの思想が一般論として用いられる可能性がある。その場合、この二つの思想は森岡氏が期待するような抑止効果を十分には持ち得なくなるだろう。そこで私は、脳死体の利用に関しては、伊藤道哉「誰のため、何のための移植か？」『印度学仏教学研究』三九（二）（一九九〇）三三五頁が提言する「誰のため、何のための」という視点を常に明確にすることの方が重要だと考える。つまり、脳死体の利用目的を、特定の人の苦しみを取り除くことのみに制限し、不特定多数の人間が享受するかもしれない不特定の利益のために脳死体を利用することを禁止する方が効果的だと考えるのである。

（27）この点は、梅原前掲論文［本章註（12）］二三二〜二三三頁で早くから指摘されている。

（28）山口三千夫「脳死臓器移植法案の可決を支持する」『月刊住職』一九九七年六月号（金花舎、一九九七）三四頁は、「筆者は、脳死になった本人の日頃の言動や行動から見て、家族が臓器を提供したいというのであれば、文書による本人の意思表明が確認できなくても臓器提供を是認すべきであると考えている。菩薩行をしたいという人の意思を妨げるのは信教の自由に触れないであろうか」という見解を示している。しかし、本当に菩薩行（布施行）を志すのであれば、自らの意思を定められた方法で事前に明らかにしておくことは最低限の条件である。それ故、私は同氏の主張を菩薩行の理論の乱暴な応用だと考える。

（29）現行の「臓器の移植に関する法律」の該当箇所は以下の通りである。「（臓器の摘出）第六条
1　医師は、死亡した者が生存中に臓器を移植術に使用されるために提供する意思を書面により表示している場合であって、その旨の告知を受けた遺族が当該臓器の摘出を拒まないとき又は遺族がないときは、この法律に基づき、移植術に使用されるための臓器を、死体（脳死した者の身体を含む。以下同じ。）から摘出することができる。」（傍点引用者）

（30）「臓器移植の法的事項に関する研究—特に「小児臓器移植」に向けての法改正のあり方—」（http://www.lifestudies.org/jp/machino02.htm　二〇〇七年一月現在）による。なお、この研究報告書では臓器移植法の第六条を以下のように改正することを提言している。「（臓器の摘出）第六条1……又は死亡した者が当該意思がないことを表示している場合以外の場合であって、遺族が移植術に使用されるための臓器の摘出を書面により承諾したときには、移植

術に使用されるための臓器を、死体（脳死体を含む。以下同じ。）から摘出することができる。」（傍点引用者）ちなみに、この研究の主眼はその副題にも述べられている通り、本人の意思の確認が困難な十五歳未満の子供に対する臓器移植の実現を目指すことにある。

（31）「臓器の移植に関する法律の一部を改正する法律案要綱」（http://www.shugiin.go.jp/itdb_gian.nsf/html/gian/honbun/youkou/g16401014.htm　二〇〇七年一月現在）による。

（32）青木慎治『移植から10年―肝移植　私は生きている―』（はる書房、一九九九）一〇八～一一〇頁。

（33）天台宗答申［本章註末］。なお、同答申の中では、この一節に続けて「この施しは正しい布施、すなわち法施でなければならない。提供者の意思が慈悲心（善心）に基づくものであり、提供される臓器が売買によるものではなく、さらに受ける側は、仏からの法施として受け取るべきで、生命を延ばし得た喜びを社会のために役立てよう、という誓願をすべきであろう」という条件を付している。しかし、この中の後半部分、すなわち「受ける側」の条件は不要である。その理由については後述する。

（34）浄土宗報告［本章註末］二二頁。

（35）青木前掲書［本章註（32）］一〇八頁。

（36）『曹洞教会修証義』「第二章懺悔滅罪」より。あわせて水野弘元『修証義の仏教』（新装版、春秋社、一九八六）七六～九〇頁を参照。

（37）武田前掲書［本章註（13）］一九四頁。

（38）小川前掲論文［本章註（11）］三四二頁。なお、小川氏はこの一節の直後に、本章註（11）で引用した文章を続けている。

(39) 梅原猛『仏教の思想（上）』（角川書店、一九八〇）八〇頁。森岡正博氏は梅原氏のこの一文にもとづいて、「人間の「生命」には、自分たちが生き延びるためには他の生命を貪欲に利用し、犠牲にし、搾取してゆく本性がある」ことに注意を喚起した上で、「そういうエゴイズムはみんながこころに抱え込んでいて、この点ではみんな同罪なのだから、その願望はできるだけ認めてゆこうとするところに、臓器移植を肯定する社会が立ちあらわれてくる」と論じている（森岡前掲書［本章註（26）］一九一～一九二頁）。

(40) 一例として前田前掲論文［本章註（5）］二九六～二九七頁。また、本章註（33）に引用した天台宗の答申も、その一例と言うことができるであろう。

(41) 臓器移植に反対する仏教関係者の多くは、臓器移植そのもの、もしくは臓器を受容する立場の批判を積極的に行う一方で、臓器の提供を拒否する根拠については十分な議論を行っていないように思われる。

(42) 梅原前掲論文［本章註（12）］二二二～二三二頁。

(43) 森岡正博『生命学への招待―バイオエシックスを超えて―』（勁草書房、一九八八）一六二～一六六頁は、臓器移植の是非をめぐる集団的な意思決定が、日本では議論によってではなく、「自然」な成り行きによって行われる傾向の強いことを指摘している。この指摘は、人々が臓器移植に感覚的になじみ得るか否か、心情的に受け入れられるか否かという、本章で論じたような理解に置き換えることができるだろう。なお、「自然」という概念を「人工的な手段をまったく講じない」という意味で理解した場合、その「自然」を好む日本人の性癖が、臓器移植を拒む一つの要因をなしているという指摘が数多く存在する。この点については必ずしも異論がないわけではないが、荻原真『日本人はなぜ脳死・臓器移植を拒むのか』（新曜社、一九九二）一二九～一四三頁の考察が示唆に富む。
（44）ルドルフ・オットー（山谷昇吾訳）『聖なるもの』（岩波文庫、一九六八）を参照。
（45）マックス・ヴェーバー（大塚久雄、生松敬三訳）『宗教社会学論選』（みすず書房、一九七二）一五〇頁における次の記述は、この点を端的に表していると言えるだろう。
「どこかで、［不合理なるもに《（ママ）》はあらずして、不合理なるがゆえに、われ信ず］という要請を提起すること―すなわち「知性の犠牲」―なしにやっていけるような、そうした素朴な姿のままで、しかも、生命に満ちた力として働きつづけるような宗教は一つとして存在しない、といってよいであろう。……つまり、宗教が与えるのは、存在するもの、ないしは、規範として妥当するものに関する究極的な知性的知識ではなくて、世界［現世］の「意味」の直接的な把握によってえられる、そうした世界［現世］に対する究極的な立脚点だ、というわけである。」（傍点原著）
（46）この点に関しては、本書における論考の具体的な方法論として序論で示した四番目の項目をあわせて参照されたい。

脳死と臓器移植問題に対する仏教各派の見解・答申等
（ホームページ・アドレスはいずれも二〇〇七年一月現在）
浄土宗（一九九二）「脳死・臓器移植問題に対する報告」『浄土宗総合研究所報』三、一八～二七頁

浄土真宗本願寺派（一九九七～一九九九）「シリーズ脳死は人の死か」（http://www.hongwanji.or.jp/info/9903nousi/nousi00.htm　現在はページを閉鎖。内容の大半は下記に掲載されている。http://www.relnet.co.jp/relnet/brief/r21-7.htm）
浄土真宗本願寺派（一九九九）「脳死と臓器移植」『共にあゆむ』四二（http://www.hongwanji.or.jp/kikan/tomoayu/tom42/tomoayu42.htm　現在はページを閉鎖。）
真宗大谷派（一九九七）「「臓器移植」法案の衆議院可決に対する声明」（http://tomo-net.or.jp/info/news/970425.html）
真宗大谷派（一九九九）「初めての脳死臓器移植についての見解」（http://tomo-net.or.jp/info/news/990316.html）
曹洞宗（一九九九）「「脳死と臓器移植」問題に対する答申書」『曹洞宗報』七六三号別冊付録（http://www.sotozen-net.or.jp/）
天台宗（一九九五）「脳死及び臓器移植について　答申」『比叡山時報』平成八年三月八日号（ただし、答申の取りまとめは平成七年十二月である。http://www.tendai.jp/shuchou/01.html）
日蓮宗（一九九四）「「脳死及び臓器移植」答申書」『日蓮宗新聞』平成六年十二月一日号
立正佼成会（一九九四）「「臓器の移植に関する法律案」に対する見解書」（http://www.kosei-kai.or.jp/activities/subject/ethic/transplant.html）
臨済黄檗両宗（一九九二）「脳死問題研究会研究報告」（http://www.zenbunka.or.jp/03_magazine/5_1report.htm）

第四章「人間の尊厳」の現成《げんじょう》と否定——生死の学の立場から——

第一節　一九九七年の三つの出来事

一九九七年二月、イギリスのロスリン研究所は、その前年にクローン羊の「ドリー」が誕生していたことを科学誌『ネイチャー』誌上で発表した。「ドリー」は大人の羊の体細胞を別の雌羊の卵に移植することで生み出されたものであり、受精卵を用いない人為的なクローン技術によって誕生した世界初の哺乳類であった。そのため、「ドリー」誕生のニュースは、クローン人間の誕生もそれ程遠い将来ではないという感想を人々に抱かせた。その結果、クローン人間の産生は是か非かという議論が、世界的な規模で沸き起こった。

同年（平成九年）六月、今度は我が国の国会で「臓器の移植に関する法律」（臓器移植法）が可決され、一〇月に施行された。この法律の制定にあたっては、臓器移植は是か非かという問題とともに、脳死を人の死とみなすことの是非をめぐって、十年以上に及ぶ国民的な議論が繰り広げられた。しかし、脳死問題についての意見の集約を行うことはできず、この法律においては移植用の臓器を摘出する場合に限り、脳死を人の死とみなすという立場が採用された。けれども、臓器移植の積極的推進派の人々は、移植用の臓器を数多く確保するためにも、脳死を一律に人の死とみなすことができるような法律の改正を今も目指している。

さらに同年六月、神戸市内で過去数カ月の間に発生した連続殺人事件が男子中学生による犯行だったことが明らかになった。この事件を受けて、ＴＢＳテレビでは八月に、報道番組の夏休み特別企画として「ぼくたちの戦争'97」と題する討論番組を放送した。ところが、その中で一人の男子高校生が「なぜ人を殺してはいけないのか」という問いを発すると、番組に出演していた大人たちは絶句し、テレビ画面はコマーシャルに切り替えられた。このことがきっかけになって、それまでほとんど論じられたことがなかったこの問題が、様々な人々によって取り上げられるようになったのである。

偶然にも一九九七年に起こったこれらの三つの出来事は、いずれも人間の生と死の問題に直接関わるものであり、社会的にも大きな関心を集めることになった。けれども、それから十年の歳月を経た現在、これらの問題が当時のような熱心さで語られることはない。また、医療技術の急速な開発はさらに複雑な問題を次々と生命倫理の分野に投げかけており、いつまでも「古い」課題に拘泥している余裕を与えてはくれない。

しかしながら、これらの出来事が我々に突き付けた課題は、今なお懐古的な骨董趣味にとどまるものではない。確かに、クローン技術の研究は、クローン人間の産生よりもクローン胚やES細胞、あるいは臓器クローンの作成等に重点が移っている。しかし、この問題は人間の生命の誕生に関わる倫理を考察するものとして、単にクローン技術の是非ばかりではなく、非配偶者間の人工授精や代理出産の問題へとつながっていくものである。

一方、脳死を人の死とみなすことの是非の問題は、今も法律の改正を目指す議論が続けられており、一般の人々の関心の有無とは無関係に、まさに現在進行中の課題である。のみならず、この問題はいわゆる死の自己決定権の概念と深く結び付いているために、尊厳死や安楽死の是非の議論にも発展していく可能性を含んでいる。また、「なぜ人を殺してはいけないのか」という問いは、今日も不条理な殺人事件が相次いでいる中で、ますます考察を深めていかなければならない課題である。

では、これらの問題に対して仏教の立場からはどのような回答を導くことができるのか。その試みは、これからも倦むことなく続けていくべき課題であろう。本章では、第二節で脳死を一律に人の死とみなすことの問題点、第三節でクローン人間の産生の是非、第四節で人を殺すことがなぜいけないのかという問題を、それぞれ第二章で論究した「人間の尊厳」の仏教的解釈にもとづいて考察することにしたい。

＊本章における論考は各節毎に独立したものであり、第四章としてのまとまりを有するものではない。この点を予めご了解願いたい。

第二節　脳死と死の「自己」決定権

(一) 脳死をめぐる論争

脳死を人間の死とみなすことはできるのか。この問題は、脳死体からの臓器移植の是非をめぐる議論の中で、一九八〇年代以来繰り返し論じられてきた。しかしながら、医学的にも法学的にも、あるいは哲学的、宗教的にも、脳死を人間の死とみなすことに対しては賛否両論が沸き起こり、統一的な見解を導くことはできなかった。このことは、旧総理府内の臨時脳死及び臓器移植調査会が、脳死を人間の死と認める多数意見とともに、脳死を人間の死と認めない少数意見を併記した異例の最終答申を一九九二年（平成四年）に発表したことで決定的になった。そのため、一九九七年（平成九年）に制定された臓器移植法では、移植用の臓器の摘出に本人と家族が同意している場合に限り、脳死を人間の死とみなす立場が採用された。つまり、脳死を人間の死とみなすのはあくまで例外的な措置であり、原則的には従来通りの三徴候死を人間の死とみなすことが認められたのである。

ただし、この法律には附則として、施行後三年を目途として全面的な見直しを行うという条項が加えられた（第二条第一項）。それを受けて、一九九七年（平成九年）度には町野朔氏を代表者とする旧厚生省の厚生科学研究費研究班が、同法の改定を目的とした「臓器移植の法的事項に関する研究」に着手した。この研究班は二〇〇〇年（平成十二年）八月に最終報告書（町野案）を取りまとめ、その中で脳死を一律に人間の死とみなす立場への変更を求めたのである。この町野案の骨子は、後に自由民主党の河野太郎衆議院議員が中心となって作成し、二〇〇五年（平成十七年）以来、国会へ上程されている「臓器の移植に関する法律の一部を改正する法律案」（改正法案）に受け継がれている。

けれども、町野案や改正法案は、臓器移植法の成立以前に繰り返された議論や、その成果を尊重して制定された現行の臓器移植法の基本姿勢を否定するものである。そのため、既に町野案が公表された直後から、医学や法学をはじめ様々な分野の専門家達から、この案に対する批判が提起されている。それどころか、我々が単純に考えただけでも、これらの案には幾つかの危険性が潜んでいることを容易に想像することが可能である。例えば、脳死が一律に人間の死とみなされた場合、脳死判定を受けた患者は直ちに「死者」として扱われることになり、一切の治療行為は中止される。たとえ脳死状態にある患者は「まだ生きている」と家族が主張したとしても、「死者」に対する治療行為は医療経済的な視点から見ても、通常は実施してもらえないだろう。そうなれば、遺族の間には医師によって患者が見捨てられた、もしくは殺されたという感情が残るかもしれない。脳死を人間の死とみなす社会的な合意は、臓器移植法の制定から約十年を経た今日に至っても、未だ十分に形成されているとは言い難いのである。それ故、仮に脳死を人間の死とみなすことが医学的、法学的に妥当な見解だとしても、やはり脳死を一律に人間の死とみなすことには問題がある。人間の死は人の心情と密接に結び付いた主観的な出来事であり、客観的な観点のみで結論を出すべき事柄ではないのである(1)。

それでは、我々は脳死を人間の死であるか否かをどのようにして決めればよいのか。また、しばしば語られる「死の自己決定権」の概念を、我々はどのように理解すればよいのか。これらの問題を通して、本節では脳死を一律に人との死とみなすことの問題点を探ることにしよう。ただし、ここでも医学や法学の視点からの議論には触れない。むしろ、「人間の尊厳」の仏教的解釈を前提としつつ、死にゆく者（一人称の立場）と看取る（遺される）者（二人称の立場）との関係に焦点を当てながら、両者の心情、思いの成就という視点から人間の死の意味を考えることにしたい。

(二) 死にゆく者と看取る者

柳田邦男氏の『犠牲《サクリファイス》—わが息子・脳死の11日—』をはじめ、脳死状態に陥った肉親の看護の記録が幾つか発表されている。これらの著作に共通する点は、それまで知識として脳死を人間の死だと理解していた人々でさえ、突如現れた肉親の脳死体を前にして、それを直ちに「死体」と認められなかったという証言である。(2) このことは、二人称の立場では脳死と三徴候死の捉え方が決定的に異なることを表している。同時に、通常我々が脳死という概念を実感として理解していないこと、言い換えれば、脳死を人の心情とは無関係に、三人称の立場からしか把握していないことを物語っている。

しかしながら、我々が自らの脳死を考える場合にも、これと同様の視点しか持つことができないかもしれない。と言うのも、脳死を実感として把握できない者が、それを自分の立場に当てはめたところで、所詮抽象的な理解しかできないからである。つまり、一人称の立場とは言え、それは脳死状態を経験したことのない「私」が、未だ見たことのない脳死状態の「私」という他人に対して、三人称の立場から捉えた脳死の理解をあてはめているに過ぎない。したがって、一人称の立場からの脳死の把握は、三人称の立場のそれと大きく異ならない可能性があるのである。

だが、たとえそうだとしても、脳死を人間の死と認めるべきか否かを決定する際には、やはり一人称の立場を無視するわけにはいかない。「私の生命は私のものだ」と考える者がいて、その生命の終焉を自らの理想とする形、いわゆる「自分らしい死」とか「尊厳ある死」で迎えたいと願っていれば、その思いを否定するべきではないであろう。

とは言え、既に第二章で論じたように、人間は一人では死ぬことができない。「死」の現場では死にゆく者のみならず、それを看取る者も重要な役割と意味を担っている。それ故、人間の死は看取る者にも納得できる形で決定されなければならない。つまり、一人称の立場と二人称の立場の双方が受容し得る形でのみ、人間の死は決定される必要があるのである。

このことを、人間の尊厳の尊重という視点から論ずれば、次のように言うことができるだろう。すなわち、「死」の場面では、死にゆく者自身が世界の中心に位置する主体的な自己として、不可侵の尊厳を守られなければならない。けれども、その尊厳が具現化するためには、死にゆく者だけではなく、看取る者の姿勢も問われることになる。つまり、看取る者が死にゆく者の意思に同意し得るか否かが重要なのである。しかも、その際には、看取る者が死にゆく者の意思に「やむを得ず、反対しない」という消極的な同意ではなく、「是非にも本人の意思を生かしてあげたい」という積極的な同意を持ち得なければ意味がない。(3) そうでなければ、看取る者はあくまで従属者としての位置から逃れられず、世界の中心に位置する者としての尊厳を、看取る者自身が具現化できなくなるからである。その場合、自己と他者を同じように尊重するという意味での真の「人間の尊厳」は、死にゆく者と看取る者のいずれにも成立し得なくなるであろう。死にゆく者の尊厳を現成《げんじょう》させるためには、看取る者の尊厳も同時に現成《げんじょう》されなければならないのである。

もしも仮に看取る者の同意が得られないまま、死にゆく者が自らの意思の実現のみを主張した場合、そこでは看取る者だけではなく、他者とのつながりを無視した死にゆく者自身の尊厳も否定されることになる。言い換えれば、他者の思いとは無関係に、死にゆく者が一方的に利己的な「死の自己決定権」を振り回して「尊厳ある死」を求めたところで、その結果もたらされるのは単に他者から見放された死に他ならず、決して「尊厳ある死」とはなり得ない(4)。

反対に、死にゆく者の意思に対して看取る者が積極的な同意を示すことができる場合、そこでは両者の尊厳が現成《げんじょう》し、真の意味での「尊厳ある死」が実現することになる。その場合、時には死にゆく者の生命を奪う決断が尊重されなければならないことも出てくるかもしれない(5)。それは、従来説かれてきた「生命の尊厳」を堅持する立場、すなわち第二章で言及したような生命至上主義の立場とは明らかに一線を画するものである。しかしながら、それは「生命の質」にもとづいて人間存在に優劣を判定し、生命の維持か停止かを選択する二者択一的な立場とも異なる。むしろ、それは「生命の質」とは無関係に、死にゆく者と看取る者の双方の主体的な自己を、余すところなく尊重した態度だと言うことができるであろう。

(三) 死の決定と布施の理論

さて、このように死にゆく者と看取る者の双方の尊厳を「死」の現場で実現するためには、当然のことながら脳死を一律に人間の死と認める立場を容認することはできない。反対に、この立場は脳死を任意で人間の死と認める立場を否定するものでもない。脳死を人間の死とみなすべきか否かの選択は、死にゆく者と看取る者の両者の意思によって決定されるべき事柄なのである。そして、それを実現するために、仏教は死にゆく者と看取る者との間における双方向的な布施の実践を提言できるのではないだろうか。

第一は、看取る者が施者となり、死にゆく者が受者として、死にゆく者の「思いの成就」を援助することを施物とする布施である。この場合、死にゆく者は自らが脳死と三徴候死のいずれを選ぶのか、あるいは、臓器の提供を望むのか否かという点を含めて、自らの死に対する希望を予め表明しておくことが求められる。その際に、看取る者に対する遠慮等を捨て去ることが不可欠である。そして、この死にゆく者の「思いの成就」、言い換えれば自己の主体性を実現させるために、看取る者は見返りを求めることなく、必要な措置を施すことが布施の実践となるのである。

これに対して、第二は死にゆく者が施者となり、看取る者が受者として、受者の側の心の安らぎ、すなわち看取りにおける充足感や、その後の日常生活への精神的障害の回避を施物とする布施である。死にゆく者の「思いの成就」と同じように、看取る者の「思いの成就」も尊重されるべきであり、それ故にこそ、死にゆく者にも布施の実践が要請されるのである。

無論、この二つの布施は基本的に相反する方向性を有しており、時には鋭い対立を生むだろう。しかし、小松美彦氏の言葉を用いれば、人間の死が死にゆく者と看取る者との間で「共鳴するもの」であり、人と人との相互依存関係という「縁起」の世界観の中で把握されるものである以上、我々はこの二つの布施のいずれをも放棄してはならない。死にゆく者と看取る者とが徹底的に話し合い、両者の立場をすり合わせ、それらを止揚することによってのみ、人間の死は決定されるべきである。

この考え方が認められるならば、しばしば語られる「死の自己決定権」という概念における「自己」とは、死にゆく者と看取る者の両者を含む概念でなければならない。その場合にこそ、死の「自己」決定権は本来の有効性を獲得し得るはずである。その上で、社会通念が死の判定を脳死から三徴候死までの間に行うことを求めるのであれば、死にゆく者と看取る者の双方を含む「自己」は、その範囲内の任意の段階で、すなわち「自己」の「思いの成就」が達成された時点において、死にゆく者の死を決定することが認められるべきではないだろうか。

ただし、死にゆく者を前にして死の決定を下すためには、第三の布施が要請されることになる。すなわち、医療関係者が施者となり、死にゆく者と看取る者を受者とする布施である。この場合、受者の側では医療関係者に対する遠慮や卑屈感等を抱くことなく、死の決定に専念すればよい。一方の医療関係者の側では、それを可能にする十分な時間と場所と情報を施物として提供することが求められる。この時、受者の側で死の決定がなされる前に、医療関係者が脳死を人間の死であると主張することや、臓器の提供を要求することは、死の「自己」決定権の侵害となる。そうしたことは、断じて避けられねばならないだろう。(6)

(四) 死者の生と生者の死

第一章で詳しく論じたように、本来死は一瞬にして完結する出来事ではない。一人の人間の死の中に、脳死、三徴候死、全細胞死等という幾つかの「死」の段階を想定できるように、死は一つのプロセスとして把握されるべきものである。

さらに、死は医学的、生物学的な意味と同時に、法律的、社会的、および倫理的、哲学的、宗教的等の様々な意味をもつ。宗教が人間の生活全般に影響を与える根源的な文化現象だという視点を認めるならば、こうした様々な「死」の意味を総合することも、当然宗教が担うべき役割になるだろう。そうだとすれば、宗教者には総合的な視点から、生と死の意味を探求することが求められることになるはずだ。

では、仏教はこの問題をどのように扱うべきなのか。ここで我々は、仏教の基本に立ち戻る必要があるだろう。すなわち、仏教が問題とする「死」は、死に起因する内面的な苦しみ、つまり、自分が「死にたくない」、もしくは身近な者に「死なれたくない」という願いが満たされない時に生ずる「死苦」である。この場合、一人称の立場の死のプロセスは自己の死を自覚した瞬間に始まり、一般には自己の意識の消滅をもって終結することになる。一方、二人称の立場の死のプロセスは、身近な者の死を思った瞬間に始まり、その者の医学的な死を経て、その死によって生じた悲しみの癒し、精神的喪失感の克服が達成されるまで継続する。いずれの場合であれ、ここで問題となる人間の死は、医学的な死とは無関係に続く、まったく主観的なプロセスである。

そして、このことは次のように言い換えることも可能であろう。すなわち、たとえある者の死が医学的に確定し、その死体の処理が終了したとしても、遺された者に死別の苦しみが存続する限り、その者の死は完了したことにはならない。その者は、遺される者の中で今だ生き続けている存在である。反対に、一人称の立場であれ、あるいは二人称の立場であれ、ある者の死を自覚した瞬間から、その者はたとえ医学的には疑いなく生きている存在であっても、心情的には既に死にゆく者だということになる。このように、死苦という観点から人間の死を把握すれば、一人の人の生と死は、医学上の生死に関係なく同時に存在するものであり、文字通り「生死一如《しょうじいちにょ》」と言うことができるのである。

この考え方は、人間の死が死にゆく者の専有物ではないことを、改めて確認させてくれるだろう。同時にこのことは、死にゆく者と遺される者の心情を無視して、脳死を一律に人間の死とみなすことの危険性を示している。また、臓器移植に関して言えば、脳死であれ三徴候死であれ、それが二人称の立場から人間の死として完全に受容されていない限り、死にゆく者は完全な「死者」ではあり得ない。つまり、その者が臓器の提供者となる場合、提供されるものは単に生きている臓器ではなく、生きている人間の一部だと言うことになる。

さらに生死一如の観点は、三人称の立場の者が死にゆく者と遺される者に接する態度に関して、一つの重要な示唆を与えてくれる。すなわち、死にゆく者にも生者としての主体性と尊厳を認め、それを尊重する姿勢を失ってはならないということである。これは、医療の場における医療関係者のみに求められるものではない。葬祭の場における僧侶にも等しく求められるものである。脳死を通して人間の死の意味を考察する間に、我々ははからずも、人の生死に関わる医療と宗教の接点に到達したと言うことができるであろう。

㈤「脳死＝人間の死」に反対を

町野案は、[7]「およそ人間は、見も知らない他人に対しても善意を示す資質を持っている存在であることを前提に」して、「我々は、死後の臓器提供へと自己決定している存在」であるという驚くべき主張を示している。この見解にもとづけば、臓器の提供を拒否する者は、他人に対して善意を示す資質を持っていないという烙印を押されることになる。つまり、町野案は人々が死後の臓器提供の拒否へと自己決定する権利を、すべての人々から無言のうちに奪っているのである。

しかも町野案は、臓器の摘出が行われる場合にのみ脳死を人間の死と認める現行の臓器移植法の下で、「脳死体から臓器を摘出する医師は、自分たちは死体にメスを入れているのか、あるいは、本当は生きている人をこのようにして殺してしまうことが許されているに過ぎないのか、という倫理的ディレンマを感じざるを得ないだろう」とも論じている。

ここに示されているのは、すべての人間が自由な自己決定によって臓器の提供を願っているのだから、医師がそれを躊躇なく実現できるようにしなければならない。そのためには、すべての人間にとって、脳死は一律に人間の死でなければならないという理屈である。そこには、「町野案」自身が言及している「脳死に対する懐疑的な世論」に対する配慮はまったく見られない。あるのはただ、臓器を摘出する医師が抱く「倫理的ディレンマ」をいかにして取り除くのかという問題意識のみであり、「死」の現場で自己の主体性を尊重されるべき、死にゆく者と看取る者の双方の尊厳は完全に無視されている。そして、当然のことながら、「死」を決定する場面において、死にゆく者と看取る者との間で期待されるべき布施が実現する余地はまったく存在しない。

それ故、我々は死にゆく者と看取る者が「死」の現場で現成《げんじょう》すべき人間の尊厳という観点から、脳死を一律に人間の死とみなす「町野案」や改正法案には反対せざるを得ないという結論に到達する。さもなければ、我々は彼らが次のような詭弁を弄することに手を貸すことになってしまうであろう。すなわち、「私達の「啓蒙」活動が功を奏し、国民の「無知蒙昧」は除かれた。脳死を人間の死とする共通認識は、もはや国民の間で成立した」と。

第三節　クローン人間産生と予見可能性

(一) 周回遅れの議論の意義

クローン人間の産生は許されるのか。[8] この問題は、クローン羊「ドリー」の誕生によって、同じ哺乳類である人間の誕生にも、理論上はクローン技術が応用可能であることが示されたことで現実のものになった。しかし、この技術には安全上の多くの問題が含まれていること、及び、クローン人間の産生は人間の尊厳を侵すものだという理由から、クローン人間の産生を禁止する法律が各国で相次いで制定された。我が国でも二〇〇〇年（平成十二年）にクローン人間の産生を禁止する「ヒトに関するクローン技術等の規制に関する法律」が制定されている。[9] だが、その一方で、二〇〇一年には、アメリカとイタリアの二人の医師が共同で同年中にクローン人間を生み出す意向を表明し、カナダの新興宗教団体もクローン人間を産生する計画を発表した。こうした動きを受けて、当時、世界各地でクローン人間産生の是非をめぐる激しい議論が交わされたのである。しかし、この問題をめぐる我が国の議論は必ずしも活発なものではなかった。また、仏教界からの論説は、わずかな例外を除けば皆無に等しかった。脳死と臓器移植の問題が国内で数多くの論議を呼び起こしたことに比べると、その差は歴然たるものだったのである。

クローン人間の産生問題が国民的な議論を喚起しなかった理由としては、少なくとも三つの点を指摘できるだろう。第一に、脳死と臓器移植については、一九六八年（昭和四三年）に札幌医科大学で心臓移植手術が行われたことや、近年では複数の日本人が海外で脳死体からの臓器移植を受けていることが広く知られているために、一般の人々にも身近な問題として認識されている。これに対してクローン問題は、多くの人々にとっては今だに空想上の出来事であり、現実感に乏しいことが挙げられる。

第二に、脳死と臓器移植は現に生きている人間の死に関わる事柄であり、将来誰もが経験する可能性があるだけに切実な問題として認識される。しかし、クローン人間の産生問題は、未だ生まれていない人間の誕生に関わる事柄であり、しかも、通常の性交渉にもとづく出産が可能な人々にとっては直接関係のない事態である。それ故、人々は「クローン」という存在に不気味な印象を抱くことはあっても、それを自分の問題としてとらえることはないのである。

第三に、クローン人間の産生をめぐっては、その是非のいずれに関しても論理的に完璧な論拠を見つけることが困難だという理由がある。諸宗教の中でも、万物の創造主としての神を認めるキリスト教等と比べた場合、仏教の立場からこの問題を論ずることは特に難しい。臓器移植の問題をめぐって、仏教界がその肯定と否定の双方の論拠を導き出すことができたのとは対照的である。

結局、クローン人間誕生の報道は現在に至るまで現れていない。しかも、クローン技術に関わる研究者達の関心は、その後、クローン人間の産生を目指すいわゆる生殖用クローン技術ではなく、応用範囲がはるかに広いクローン胚の作成やＥＳ細胞の研究等、治療用クローン技術に向かっていった。のみならず、その同じ時期に人間の遺伝情報（ヒトゲノム）の解読が世界的な規模で進められていた。これらの研究は、いずれも莫大な経済効果を期待し得るものであり、しかも、クローン人間の産生以上に多くの倫理的な問題を孕むものであった。最相葉月氏の言葉を借りれば、「どうやら、クローン人間を禁止すればいいという話ではなさそうである。生命の誕生に介入しつつある科学技術は、もっと深くむずかしい問いを私たちに突き付けていた」(10)。その結果、クローン人間の産生問題は、急速に人々の関心から遠ざかっていったのである。

それ故、今さらこの問題を論じることは、明らかに時代遅れの感がある。のみならず、クローン人間の産生に関わる倫理上の問題点に関して私が本節で述べる事柄は、いずれも多くの論者によって既に語られているものばかりである。それにも関わらず、ここで周回遅れの議論を試みようとするのは、この問題が現在の生命倫理の議論の対象となっている諸問題に比べればはるかにシンプルなものでありながら、先にも触れたように、それを仏教の立場から論ずることは困難を伴うものだったからである。その一方で、クローン人間の産生は人間の尊厳を侵す行為であることが繰り返し指摘されている以上、それが本書で論じている「人間の尊厳」の仏教的解釈にとっても、何らかの意味で問題となるはずのものだからである。その問題が具体的にどこに潜んでいるのかを考察することは、「人間の尊厳」の仏教的解釈を、第二章における議論とは別の観点から論究することを可能にしてくれると思われるのである。

(二) クローン人間の産生は肯定され得るか

仏教の中で、クローン人間の産生を肯定できるかもしれない論拠として思い浮かぶのは、釈尊の説く縁起の理法である。すなわち、「すべての現象は無数の原因（因）や条件（縁）が相互に関係しあって成立している」[11]という仏教の基本的教説である。

通常の人間の出生は、男女両性という原因と、両者の性交渉等の様々な条件が集まることで成立する。これに対してクローン人間の産生は、体細胞から採取された細胞核や、その細胞核を移植する未受精卵という原因と、細胞核の移植作業や、卵の培養をはじめとする数多くの条件が関係し合うことで成立する。両者の成立過程を比較すれば、そこに関与する原因や条件はまったく異なっている。しかしいずれの場合にも、人間の出生が縁起の理法にもとづいていることは共通している。それ故、クローン人間の産生は、通常の人間の出生と同様に、仏教の立場からは肯定され得るのではないかという論理である。

だが、結論から述べるならば、この論理はクローン人間の産生を倫理的に肯定する論拠とはなり得ない。確かに、どのような方法によるにせよ、人間は縁起の理法に従って生まれており、その意味では同じ価値を有する。それ故、もしもクローン人間が生まれた場合には、既に鍋島直樹氏が指摘しているように、その者は通常の出生による人間と同等に尊重されなければならない[12]。のみならず、一人の人間を前にしながら、それがクローン人間だからといって、「そこに自分と同じ人間がいる」という認識を放棄することは許されないだろう。けれども、縁起の理法の倫理面での射程はそこまでである。と言うのも、縁起の理法は人間を含むあらゆる事物の成立事情を説明するものであり、それぞれの事物の成立自体が倫理的に肯定され得るか否かを説くものではないからである。

ところで、クローン人間の産生を肯定する人々は、基本的にはその根拠として生殖の自由の権利を挙げている。これに対して蔵田伸雄氏は、男女両性の遺伝子が関与しないクローン人間の産生は「生殖」とは異なる概念であり、そこに生殖の自由を適用することはできないと批判している[13]。また、仮に蔵田氏の批判が認められないとしても、生殖の自由を根拠としてクローン人間の産生を肯定することはできないと思われる。なぜなら、生殖の自由は親の権利に過ぎず、そこには当然のことながら、生まれてくる人間の意志が反映されていない。無論、通常の出生の際にもその条件は同じである。しかし、クローン人間には、次節で述べるような二つの特別の苦しみが産生の際に押し付けられる。それは、通常の出生では生じないものであり、生まれてくる人間の安全性と尊厳を大きく損なうものである。そのような事態が、親の権利のみにもとづいて引き起こされることは許されないことであろう。

三 クローン人間の産生に反対する根拠

クローン人間の産生に反対する人々は、その根拠を様々な立場から提示している。その中でも、クローン人間の産生は人間の尊厳を侵すという主張が最も一般的である。けれども加藤尚武氏は、この主張は論理的に完璧な説得力を持ち得ないと述べ、産生に反対するための唯一可能な根拠は、生物学上の安全性が保証されないことのみであると論じている。[14] ただし、この安全性をめぐる論法も、クローン技術が確立されるまでの時限的な抗弁にすぎないというのが一般的な見解である。

しかしながら、安全性と人間の尊厳という論点を、仏教の立場から改めて反対の根拠に用いることは可能だろう。その際に鍵を握るのが、二種類の予見可能性である。

第一の予見可能性は、やはり安全性に関わるものである。しばしば指摘されている通り、クローン人間には生物学上の障害や欠陥が発生する可能性がある。それを確かめるためには、実際にクローン人間を産生する必要がある。けれども、実験的な産生が許されるであろうか。

産生を肯定する人々は、いかなる医療技術も当初は人体実験から始められるのであり、クローン人間の産生についても、まずは実験的な試みが不可欠だと主張する。しかし、通常の医療技術の実験では、現に生きている人間が自らの生命の質を高めるために、原則的には自己の判断にもとづいて被験者になる。つまり、そこでは被験者自身が主体的な自己を生きる権利を保証されているのである。

これに対してクローン人間の産生実験では、これから生まれてくる人間が被験者になる。この者は他者の判断によって被験者にされるのであり、既にこの段階において、主体的な自己を生きるという意味での尊厳が奪われている。しかも、その実験の目的は自らの生命の質を高めることとは無縁である。つまり、この者は生まれながらにして他者に従属する者としての地位しか与えられず、世界の中心に位置する者としての尊厳を否定されることになる。その上、このようにして生まれてきた者には、通常の出生によって生まれてくる人間には起こり得ないような異常事態が、その生存中に発生する可能性が指摘されている。いわば、生命の安全に関して著しく低い予見可能性を強要されているのである。それにも関わらず、そのような人間を生み出そうとすることは、生まれてくる人間に対して「そこに自分と同じ人間（となるはずの存在）がいる」という認識を放棄することに等しい。これがクローン人間に負わされる特別な苦しみの一つである。仏教の目標が自他の苦しみを取り除くことである以上、そのような事態を容認することはできないのである。

　第二の予見可能性は人間の平等に関わるものである。通常の出生による人間の遺伝的形質は、男女両性の遺伝子がランダムに掛け合わされることで決定される。一方、クローン人間のそれは、体細胞核を提供する一人の人間の遺伝的形質がほぼ完全に複製される。その結果、性格をはじめとする後天的な要素は除いても、クローン人間の容姿や先天的な素質等は、体細胞核の提供者と近似したものになる。つまり、クローン人間の特質については、生まれる以前から著しく高い予見可能性が保証されるのである。

　このことは、従来から優生思想との関わりの中で危険性が指摘されているが、それ以外にも危惧すべき問題がある。それは、クローン人間の産生を決断した者が、一人の人間の少なからぬ特質を恣意的に決定し得ることである。また、クローン人間が後天的な要因によって予期せざる個性を獲得した場合、この者は「不良品」とみなされるかもしれない。

これは、クローン人間を生み出す者が、生まれてくる者を「我がもの」として支配することを意味している。同時にクローン人間にとっては、自らが終生他者の支配下におかれるというもう一つの特別な苦しみを強要されるとともに、自らに与えられた先天的な生存条件の責任を他者に問うことを可能にする。

このような事態は、単に自他の苦しみの止滅という仏教の目標に反するばかりではない。「自己こそ自分の主である。他人がどうして（自分の）主であろうか[15]」と説き、「かれらもわたくしと同様であり、わたくしもかれらと同様である[16]」と説く釈尊の基本的な立場に背いていることは明白である。つまり、クローン人間の産生は、誰もが世界の中心に位置する者として主体的な自己を生き、そのことを周囲の人々から「わが身に引きくらべて」尊重されること、言い換えれば、「そこに自分と同じ人間がいる」と認められることでしか現成《げんじょう》し得ないような、仏教の説く人間の尊厳を否定する行為であることが、改めて確認されることになるのである[17]。

(四) 二者択一的結論を導く理由

私は第三章で、臓器移植の是非については仏教界が二者択一的な結論を積極的に排除すべきであると述べ、第四章第二節では、脳死を人間の死とみなすか否かに関しては、死にゆく者と看取る者との双方を含む、広い意味での「自己」決定権に委ねるべきだと主張した。これらの問題に対して私が一方に偏る結論を排したのは、仏教が「法（道理）をよりどころとすること（法灯明）」と、「自らをたよりとすること（自灯明）」とを説く教えであり、個々人の苦しみは、それぞれに最適な方法で取り除かなければならないという対機説法の原則に従ったからである。

ところが本節の中で、私はクローン人間の産生に反対の立場を表明した。その理由について、最後に説明する必要があるだろう。そもそも臓器移植の是非や脳死を人間の死とみなすことの是非のように、仏教の教義の中にその是非の双方を支持する論拠が存在するならば、我々は法（道理）を拠り所としながらも、最終的には自己の判断に従って是非の判断を下すことが可能である。

しかし、クローン人間の産生問題に対して、私は現時点においてそれを積極的に肯定する論拠を「人間の尊厳」の仏教的解釈のみならず、仏教の教義そのものの中にも見出していない。つまり、法（道理）の中に是非の選択肢を認めることができない以上、結論は自ずから定まることになる。いずれの問題においても、いわば自灯明と法灯明とのせめぎ合いの中から結論が導き出されることに相違はないのである。

第四節　人殺しの禁止と五戒の理念

(一)「いのちの尊厳」と「仏のいのち」

なぜ人を殺してはいけないのか。一九九七年(平成九年)の夏、ある番組の中で一人の高校生が発した質問である。この質問に対して、その番組に出演していた大人たちは一斉に沈黙した。当時、青少年による理由なき殺人事件が相次いだことを受けて、世間では「いのちの尊厳」の教育が声高に叫ばれていた。ところが、「いのちの尊厳」とは何かということが、具体的には論じられていなかった。その虚が見事に衝かれたのである。

この「いのちの尊厳」という概念を、ここでは本書の用語法に従って「人間の尊厳」と言い換えてもよいであろう。既に第二章で詳しく論じたように、仏教的な立場では、個々の生き物としての人間の「生命」を実体的なものとして想定できない。それ故、「生命の尊厳」について論じることは妥当ではない。むしろ、身心一如を説き、生死一如《しょうじいちにょ》を説く仏教の立場では、生きている人間存在そのものを全体として把握する視点、さらには、世界の中の様々な人やものに支えられ、その関係性の中で生きている人間存在そのものを、無限の時間と空間の中で一瞬たりとも変化してやまない動的な存在として捉えることが重要である。そして、そのような人間存在が担っている尊厳を、本書では「人間の尊厳」と呼んできた。それこそが、世間で語られている「いのちの尊厳」の真の意味だと思われるのである。

さらに、この「人間の尊厳」、すなわち「いのちの尊厳」を、仏教者はしばしば「仏のいのち」という言葉に置き換えている。けれども、仏教ではキリスト教のような創造主の存在を認めない。それ故、この「仏のいのち」という言葉は仏によって創造された「いのち」と解釈することはできない。また、「仏のいのち」は「仏によって与えられたいのち」、もしくは、「仏によって支えられたいのち」だと説明されることもある。しかし、その場合でも、この「仏」という語が何を示しているのかを明らかにしない限り、「仏のいのち」という言葉は説得力を持つことはできない。

無論、この「仏」が釈尊のことでないことは明白である。また、それは阿弥陀仏や薬師仏のような特定の「仏」、我々が崇拝の対象としている具体的な「仏」のイメージを指すわけでもない。それに対して、仏教では釈尊の悟った道理、すなわち「法」そのものをも「仏」、「ブッダ」と呼ぶことがある。いわゆる「法身仏《ほっしんぶつ》」の概念である。この立場にもとづけば、「仏のいのち」とは「法（道理）の現成《げんじょう》としてのいのち」と解釈することができるであろう。ただし、「仏のいのち」を人格のように、何らかの実体として捉えることも妥当ではない。我々は「仏のいのち」という「モノ」を所有できるのではなく、「仏のいのち」という状態を生きることだけが可能なのである。

本書の最終論考となる本節では、第二章以来論究してきた人間の尊厳に対する仏教的な解釈を踏まえつつ、「なぜ人を殺してはいけないのか」という古典的な問題に対する回答を探ってみることにしたい。

(二)　自己の主体性の破壊

まずは、「仏のいのち」における「仏」という語を、主体的な自己という意味で捉えてみよう。ここでは、これまでにも幾度か引用した釈尊の次の言葉に改めて注目したい。「自己こそ自分の主である。他人がどうして（自分の）主であろうか。自己をよくととのえたならば、得難き主を得る。[18]」この一節は、よくととのえられた主体的な自己、言い方を変えれば「真の自己」に従って生きることが「仏のいのち」を生きること、すなわち、人間の尊厳の基本であることを物語っている。その場合、「仏のいのち」を失うことは、自らの「いのち」が主体的な自己以外のものに操られることだと言うことができる。つまり、他者を殺す者は他者の「仏のいのち」を奪う者なのである。

しかし、この者は同時に自らの「仏のいのち」をも失っている。それは、他者を殺す瞬間に、善悪を判断する主体的な自己を失い、他者を殺したいという欲望によって自分が支配されるからである。欲望とそれにもとづく煩悩は、人々から正しい智恵を奪い去る。その結果、「あさはかな愚人どもは、自己に対して仇敵にするようにふるまう。悪い行いをして、苦い果実をむすぶ[19]」と釈尊は説いている。だからこそ、釈尊は彼自身を支配下に置こうとする欲望という名の悪魔を降すことで悟りを開いた。一方、他者を殺す者は、その同じ悪魔に自己を売り飛ばすことで、自らの「仏のいのち」をも失うのである。

このように、「仏のいのち」を守ることは、欲望から離れることである。道元はそれを、「仏道をならふといふは、自己をならふなり。自己をならふといふは、自己をわするるなり[20]」という言葉で象徴的に表している。この一節を意訳すれば、「仏のいのち」を生きることは主体的な自己を生きることであり、それは欲望にとらわれた自己から離れることだと言い換えることができるであろう。けれども現実の問題として、私たちが欲望という悪魔を降すことは極めて難しい。「善人なをもて往生をとぐ、いはんや悪人をや[21]」という親鸞の言葉は、その悪魔から容易に逃れられない人間の非力を物語っている。だが同時に、それは欲望の魔の手から完全に逃れられない自分を「悪人」と呼びながらも、決してその事実から目をそらさない覚悟、言い換えれば、何とかして主体的な自己に目覚め、「仏のいのち」を守り抜こうという強い意志の表明でもある。

仏教では、このような「仏のいのち」を見出すことを悟りと呼び、それを希求する意志を菩提心と呼んできた。私たちは、日々欲望の誘いに惑いながらも、繰り返し菩提心を発することで、自らの「仏のいのち」、言い換えれば人間の尊厳を守ることになるのである。

(三) 社会的つながりの破壊

「仏のいのち」における「仏」、すなわち仏教の説く「法（道理）」の中で、人間の尊厳を考える際にもう一つの重要な概念となるのが縁起の理法である。釈尊は、縁起の理法を悟ることで成道を果たしたと言われている。つまり、仏陀の仏陀たる由縁は縁起の悟りの中にあり、それを達成することで、初めて主体的な自己に目覚めることができるのである。

ここでの縁起の理法とは、あらゆるものが何らかの原因によって生まれるとともに、周囲の様々なものと相互に支え合うことで存在していることをいう。これは人間の「いのち」に関しても例外ではない。すべての人々は、常に周囲の人々に支えられながら、同時に、周囲の人々に何らかの影響を与えつつ生きている。つまり、一人の「いのち」はその人だけのものではなく、社会の人々によって共有された社会のつながりそのものである。のみならず、一人の人間はその者を取り巻くあらゆるものの関係の網の中央に位置している。そのことを自覚することで、その者は自己の主体性を確認することができるのである。

同時に、周囲の人々から「そこに自分と同じ人間がいる」と認められることで、その者ははじめて主体的な自己を生きることが可能になる。それ故、他者のみならず、自分自身をも含め、一人の人間を殺すことは、殺される者自身の主体性を奪う行為であるとともに、殺される者を中心として成立している社会のつながりや、さらには、その者を中心として全世界のあらゆるものを結んでいる関係性の網を破壊する行為であると言えるだろう。

したがって、自他の生命を尊重することは、単に一人の人間の生命を守るにとどまらず、社会全体の秩序を守ることでもある。仏教を含むあらゆる宗教が、一人一人の人間の幸せを追究するものであると同時に、社会全体を統合し、その秩序を支える一種の社会装置であることを考えれば、「仏のいのち」、すなわち人間の尊厳の仏教的な解釈に関しても、この二つの側面のいずれをも軽視することはできないのである。

㈣ 人間の尊厳と五つの戒

仏教には、信徒が最低限守るべき五つの戒がある。すなわち、不殺生戒《ふせっしょうかい》（生き物を傷つけない）、不偸盗戒《ふちゅうとうかい》（他者のものを奪わない）、不邪婬戒《ふじゃいんかい》（みだらな性的な関係をもたない）、不妄語戒《ふもうごかい》（偽りを語らない）、不酤酒戒《ふこしゅかい》（酒を飲まない、飲ませない）の五つである。これらの五戒は、この世の苦しみを取り除くための基本的な修行であり、実践的にはすべての欲望を取り除くことを目標としている。と言うのも、様々な苦しみは欲望から生ずるのであり、苦しみを取り除くためには、欲望を止滅させることが不可欠だからである。だが、その一方で、この五戒は社会の秩序を維持し、他の人々に苦しみを与えないために遵守するべき事柄でもある。つまり、五戒の内容は自らが欲望に操られることなく主体的な自己を生きるとともに、あらゆる人やものを結ぶ社会のつながりを守り、その中で生きる自己と他者の幸せを実現するための必須の課題なのである。同時にそれは、自らの望む喜びを他者に与え、自らが望まない苦しみを他者のもとから取り除くという慈悲の実践、すなわち、他者の喜びと苦しみを「わが身に引きくらべて」他者に接することを我々に要求する。その結果、我々は自らの尊厳とともに、他者の尊厳をも同時に現成《げんじょう》させることになるだろう。「仏のいのち」とは何か、人間の尊厳とは何かを考えるにあたり、我々はこの五戒の意味を改めて考える必要に思い至るのである。

註

第二節

（1）第一章第四節㈡で論じたように、従来、三徴候死が医学的な死亡診断の拠り所とされてきた理由の一つに、それが一般の人々にも合意し得るものだという点がある。そのことの意義を、ここで改めて思い起こすことは重要であろう。

（2）柳田邦男『犠牲《サクリファイス》—わが息子・脳死の11日—』（文藝春秋、一九九五）。その他の例として杉本健郎、杉本裕好、杉本千尋『着たかもしれない制服—わが子は脳死宣告。そのとき医師の私は……。—』（波書房、一九八六）。また、この点については中島みち『新々見えない死—脳死と臓器移植—』（文藝春秋、一九九四）一七〜二〇頁も参照。

（3）安藤泰至「人間の生における「尊厳」概念の再考」『医学哲学医学倫理』一九（二〇〇一）二二頁も同じ見解を示している。

（4）この問題に関しては、小松美彦『死は共鳴する—脳死・臓器移植の深みへ—』（勁草書房、一九九六）二一六〜二二二頁も参照。また、竹下賢「生命の質と安楽死における法と道徳」『生命倫理学を学ぶ人のために』（加藤尚武、加茂直樹編、世界思想社、一九九八）一五一頁は、患者（死にゆく者）の意思表示のみにもとづく「生命の処分は自己決定権の内容に含められるべきではなかろう」と述べ、その理由を、「自殺を法的に保証することが、「生命の尊厳」の端的な否定であるばかりか、結局、法の前提にしている人間の結びつきの社会的意識を阻害するからである」（傍点引用者）と論じている。

（5）死にゆく者が安楽死を願い、看取る者がそれに積極的な同意を示した場合、この立場においては安楽死の容認という結論が導かれることになる。だが、たとえそうだとしても、死にゆく者が自らの生命を停止する判断を下すことは、自殺を選択することと同じである。また、安楽死の手助けをする者は、自殺幇助、もしくは他殺の実行者ということになる可能性がある。その結果、ここには二つの問題が発生する。一つは法律上の問題であるけれども、それは私には答えられない。もう一つは仏教の教義において、自殺や他殺の遂行は許され得るのかという問題である。これについては別の機会に論じたい。

（6）今日、移植用の臓器の提供者を増やすために、臓器提供意思表示カード（ドナーカード）がコンビニエンス・ストアをはじめとして各所で配布されている。また、例えば私の勤務校でも、ドナーカードの所持を呼びかけるポスターが目立つ場所に掲示されている。ところが、ドナーカードの配布方法に関して、複数の大学生から驚くべき情報を聞かされた。すなわち、各自が卒業したそれぞれの高校の教室で、ドナーカードが他の配布物とともに全生徒に配布されたというのである。しかも、その際に、脳死と臓器移植、さらには人の「死」の意味に関する説明等は一切されなかったという。その結果、自分の死の意味を深く考えないままに、病気で苦しんでいる人が助かるのであればという極めて単純な気持ちで臓器提供の欄に丸印をつけ、署名をしている学生が多く見られた。のみならず、彼らに話を聞くと、家族もまた、子供に言われるままに家族署名欄に記名をしてくれたというのである。つまり、学生自身は言うに及ばず、家族もまた、自分自身、もしくは自分の子女が死に直面するかもしれないということを、「わが身に引きくらべて」真剣に考えているとは思えない。あくまで、自分達の身の上に「死」という事態が起こるはずはないという前提のもとに、苦しんでいる人を救うという「善意」のみに躍らされてドナーカードを所持しているとしか思えないのである。言い換えれば、現在を健康に暮らしている彼らは、自らの死や家族の死を一人称や二人称の視点ではなく、三人称の視点でしか見ていないのである。
　しかし、たとえそうだとしても、もしもこうした学生が現実に死に直面した場合、彼ら自身の「自発的な意思」と家族の「自発的な同意」とにもとづいて、臓器の摘出が行われることになるだろう。家族の死を予め真剣に想定することなく、ドナーカードの家族署名欄に気軽に記名していた人々は、その時になって初めて事の重大さに気がつき、自らの行為を後悔することになるだろう。

つまり、ドナーカードの配布方法が余りにも安易にすぎるのである。少なくともドナーカードを学校で配布するのであれば、ドナーカードや臓器移植の意味、さらには「死」とは何かということを十分に説明する必要がある。そのような教育を行うことなく、安易にドナーカードが学校で配布されている現状は、若者に対して、お国（苦しんでいる他者）のための名誉の戦死を奨励した戦前の社会と同じ構造であると言っても過言ではない。現在のドナーカードの配布方法は、あえて自分自身や家族の「死」について真剣に考える機会を奪うことで、少しでも臓器の提供者を増やすことだけを目指していると言われても仕方のないものだと私には思えるのである。

（7）「臓器移植の法的事項に関する研究—特に「小児臓器移植」に向けての法改正のあり方—」(http://www.lifestudies.org/jp/machino02.htm　二〇〇七年一月現在）による。

第三節

（8）本節では、人為的な体細胞核移植による人間の個体クローン、いわゆる「クローン人間」産生の是非に論点を絞る。また、仏教では人間も生き物の一部であると説く以上、本来は全ての生き物を視野に入れた考察が必要であるが、煩瑣になるためここでは考察の対象を「人間」に限定する。

（9）この法律の第三条において、「何人も、人クローン胚、ヒト動物交雑胚、ヒト性融合胚又はヒト性集合胚を人又は動物の胎内に移植してはならない」と規定された。ただし、ここでは人クローン胚等を「胎内に移植」することが禁止されたのであり、人クローン胚等を作成すること自体が禁止されたわけではない。それらの作成は、同法にもとづく「特定胚の取扱いに関する指針」の規制対象とされている。
(10) 最相葉月『いのち―生命科学に言葉はあるか―』(文春新書、二〇〇五)二六頁。
(11) 中村元『佛教語大辞典』(全三巻、東京書籍、一九七五)上巻一一八頁。
(12) 鍋島直樹「縁起のバイオエシックス―人クローンに関する浄土真宗からの一考察―」『真宗学』一〇三(二〇〇一)四四〜四七頁。
(13) 蔵田伸雄「体細胞核移植クローン技術の人への使用と「生殖の自由」」『生命倫理』一一(二〇〇〇)三九〜四〇頁。
(14) 加藤尚武『脳死・クローン・遺伝子治療―バイオエシックスの練習問題―』(PHP新書、一九九九)一〇八〜一三三頁。
(15) *Dhammapada* 160. 偈の番号と訳文は中村元訳『ブッダの真理のことば・感興のことば』(岩波文庫、一九七八)三二頁による。
(16) *Suttanipāta* 705. 偈の番号と訳文は中村元訳『ブッダのことば―スッタニパータ―』(岩波文庫、一九八四)一五三頁による。
(17) 浅見省吾「生物学と倫理学の間―クローン人間論争における倫理的次元の所在をめぐって―」『医学哲学医学倫理』一七(一九九九)六一〜六三頁によれば、これと同様の論理を既にJ・ハーバーマス氏が「クローン人間は奴隷に近い立場に置かれる」という表現で展開しているという。しかし浅見氏は、この主張に従う場合、生まれてくる子供に大きな遺伝病等が判明した時に、両親がその子供に遺伝子治療を受けさせることも子供を奴隷化することにつながると論じている。けれども、生命そのものが危機に瀕する場合に一部の遺伝子に操作を加えることと、一人の人間のほぼ全ての先天的特質を恣意的に決定することとを同等に扱う必要はないであろう。

第四節

（18） *Dhammapada* 160. 偈の番号と訳文は中村訳前掲書［本章註（15）］三二頁による。
（19） *Suttanipāta* 66. 偈の番号と訳文は中村訳前掲書［本章註（16）］一九頁による。
（20） 河村孝道校註『道元禅師全集　第一巻』（春秋社、一九九一）三頁。
（21） 金子大栄校注『歎異抄』（岩波文庫、一九三一（一九八一））四五頁。

あとがき

自分の死について、しばしば思いをめぐらすことがある。ただ、二〇代の頃までは、この世から自分が消えてしまうこと、未来を経験できなくなること、あるいは、家族や友人と再び会えなくなることに、底知れない恐怖や寂しさを感じていた。しかし、最近は自分が十分な仕事を為すことなく死ぬかもしれないことへの無念や、幼い子供を遺すことになるかもしれないことへの不安を意識するようになってきた。さらに年を重ねれば、この思いもさらに変わっていくのだろうか。そう考えると、人間は自分の死に対しても、常に変わらぬ思いを抱き続けるわけではないようだ。まして、人間の生と死に対して、様々な人が皆、同じ思いを抱くということがあり得るはずもないだろう。

本書は、私が過去数年の間に発表した論文に、若干の修正を加えてまとめたものである。もっとも、私がこの分野に関心を抱くようになったのは、それほど古い話ではない。いわゆる「臓器移植法」の制定をめぐって国民的な議論が交わされていた頃、私はこの問題にほとんど関心をもっていなかった。それどころか、日本印度学仏教学会や日本宗教学会等で、それに関連する研究発表がなされているのを見ながら、文献研究とは異なるそのような研究が、どうして「学術研究」なのかとさえ思っていたほどである。このような思いは、一九九七年（平成九年）に「臓器移植法」が成立した時も変わらなかった。

ところが、一九九九年（平成十一年）三月九日、朝日新聞の夕刊の記事に目が留まった。それは、同年二月二八日、同法にもとづく初の脳死者からの臓器提供が行われたにも関わらず、宗教界からこの出来事に対する声明がほとんど出ていないことにへの批判的な記事だった。今、改めてこの記事を読み返せば、その批判は必ずしも妥当だったとは思えない。むしろ、我が国の宗教界、とりわけ仏教各派は、既に数年も前からこの問題に取り組み、脳死者からの臓器移植に対する消極的な同意、もしくは仏教の教えにもとづいて、是非の判断を各自に委ねるべきだという見解を表明していた。そうした事情を勘案すれば、実際に脳死者からの臓器提供が行われた直後に仏教各派が意見表明をしないからと言って、責められる必要はなかったように思われる。しかし、当時の私はそのことさえも知らなかった。そして、僧籍の末端に連なる者としての義憤から、自分のこれまでの無関心を棚に上げて、朝日新聞の主張に同調してしまった。まさに、無知なる者の恐さである。

その直後の同年五月、私が属する曹洞宗教団から、この問題に対する初めての公式見解が発表された。早速それに目を通して、私はいくつかの点で不満を覚えた。そこで、一〇月に開催された第三八回曹洞宗教化学大会において、初めてこの問題に対する意見表明を行った。そのことが、この分野に足を踏み入れるきっかけになったのである。

とは言え、私は医学や法学は無論のこと、倫理学やその基礎をなしている西洋哲学に対しても素人である。また、生命倫理に関する膨大な文献の中で、私が披見し得たものはほんのわずかにすぎない。しかも、大学で仏教学を講じているとは言え、もともとインドのヒンドゥー思想を研究していた私は、研究者としては仏教学さえも門外漢にすぎない。そのような私が『生死《しょうじ》の仏教学』という書物を出版することに、内心ためらいを感じないわけでもない。けれども、この世の中で、自分の死を経験した人は誰もいない。その意味で、誰もがみな生死の問題の素人である。一方で、誰もが皆、自分の死に向かって日々人生を生きている。つまり、すべての人が生死の問題の当事者である。それならば、医学や法学、あるいは倫理学や仏教学の精緻な理論に頼ることなく、むしろ日本人の価値感を根底から支えている仏教の基本的な教えにもとづいて、一人一人が生死の問題を学び、考えることにも重要な意味があるだろう。加えて、本書で論じた事柄は、生命倫理学の分野では既に「終わった」話かもしれない。だが、一般の人々にとって、それは決して「終わった」話ではない。むしろ、これからこのような問題に直面する人も出てくるだろう。それならば、かえって迷宮に入り込んだかのような議論のほとぼりが冷めた頃に、専門家達による先鋭化した理論から離れて、改めてこの問題を考えることも無駄ではあるまい。

本書において、私は脳死を人の死とみなすことや、臓器移植の是非に対して明確な判断を下さなかった。その理由については既に本文中で述べてきた通りである。しかし、それでもやはり白黒をはっきりさせてほしいという感想を抱かれた方もいるだろう。あるいは、こうした問題に白黒をつけられない仏教は、役に立たない存在だと思われた方もいるかも知れない。けれども、この「あとがき」の冒頭でも触れたように、私達は自分自身の死に対しても、常に変わることのない意識を抱き続けるわけではない。まして、人間の生と死の問題に対して、すべての人が同じ意見に賛同することはあり得ない。さらに言えば、先端医療のみならず、世の中のあらゆる出来事には、常に表と裏、光と陰が共存する。そのいずれに着目するかによって、物事の見え方はおのずから変わってくる。そうだとすれば、物事の是非はやはり「法をよりどころとしつつ、自らをたよりとして」各人が判断するしかないであろう。物事には両面があることと、各人が自ら判断を下すことの重要性、言い換えれば、誰にとっても自分こそが最も尊い判断基準だという意味で、「天上天下唯我独尊」の教えを説くことに、仏教の存在意義があると思うのである。

けれども、正直なところ、私自身は自分や家族が脳死状態に陥った時、それを「死」とみなして臓器の提供に同意するか否か、あるいは臓器の移植が必要になった時に、それを受け入れるか否かについて、未だに考えがまとまっていない。そのような事態に直面してから判断するのでは遅すぎることを十分に承知しながらも、やはり、その時になってみなければ、結論は出せないような気がするのである。私達の気持ちは、時間の経過の中で、周囲の環境の変化とともに変わり続ける。それならば、今は結論を急がずに、この問題を自らの問題として考え続けることが大切なのではないだろうか。

本書の出版にあたり、出版社への仲介の労をお取り下さった愛知学院大学教授川口高風先生、出版をご決断下さった法藏館社長西村七兵衛氏、編集部長上別府茂氏、編集作業にご尽力下さった長朗文庫の長谷川小四郎氏に衷心より御礼申し上げたい。また、私事にわたって恐縮であるが、私が一九九九年（平成十一年）にいのちの問題に関心を抱くようになったのは、その年に長男が誕生し、自分以外のいのちに対する責任を初めて負うことになったことも一つのきっかけだった。そして今、本書の刊行と相前後して、私達の家族に新しいいのちが加わろうとしている。この子供達の健やかな成長と、彼らが生きる社会が真に「人間の尊厳」を尊重するものになることを願って、本書の筆を擱くことにしたい。

二〇〇七年一月

木村文輝

初出一覧

序　論・・・「仏教と「生命倫理」」『教化研修』四九（曹洞宗総合研究センター、二〇〇五）

第一章・・・「人間の誕生と死の考察―現代の仏教的視点から―」『曹洞宗研究員研究紀要』三三（曹洞宗宗務庁、二〇〇三）

第二章・・・「「人間の尊厳」の仏教的解釈―脳死と安楽死問題を手がかりとして―」『禅研究所紀要』三三（愛知学院大学禅研究所、二〇〇五）

第三章・・・「臓器移植問題に対する仏教者の立脚点」『禅研究所紀要』三〇（愛知学院大学禅研究所、二〇〇二）

第四章第二節・・・「脳死問題に対する一視点―死の自己決定権をめぐって―」『教化研修』四五（曹洞宗総合研究センター、二〇〇一）

第四章第三節・・・「クローン人間産生問題に対する一視点―予見可能性をめぐって―」『教化研修』四六（曹洞宗総合研究センター、二〇〇二）

第四章第四節・・・「「いのちの尊厳」とは何か―真の自己と縁起のいのち―」『第四八回東京矯正管区管内教誨師研修埼玉大会　大会のしおり』（同大会事務局、二〇〇三）

木村文輝（きむらぶんき）
1964年静岡市に生まれる。1988年名古屋大学文学部卒業。1988年～1989年インド・プーナ大学大学院留学。1995年名古屋大学大学院文学研究科博士後期課程修了、同年名古屋大学より博士（文学）取得。愛知学院短期大学講師、助教授を経て、現在、愛知学院大学教養部助教授、同大学禅研究所研究員、静岡刑務所教誨師。主な論文に「『バガヴァッド・ギーター』受容の二千年史」「ラーマーヌジャにおける「救い」の方向性」「「布施」をめぐる理念と現実の懸隔」「現代における葬祭の意義と問題点」「ハワイの仏教と日本仏教」「現代インドネシアの仏教信仰」等。

〒420-0029　静岡市葵区研屋町45番地　顕光院内

生死《しょうじ》の仏教学
――「人間の尊厳」とその応用――

二〇〇七年四月一〇日　初版第一刷発行

著　者　木村　文輝
発行者　西村七兵衛
発行所　株式会社　法藏館
京都市下京区正面通烏丸東入
郵便番号　六〇〇‐八一五三
電話　〇七五‐三四三‐〇〇三〇（編集）
　　　〇七五‐三四三‐五六五六（営業）

印刷・製本　亜細亜印刷株式会社

©B. kimura 2007 *Printed in Japan*
ISBN978-4-8318-2418-9 C3015
乱丁・落丁の場合はお取り替え致します

いのちと人間を考える本

いのちのゆくえ医療のゆくえ	佐々木恵雲著	一、〇〇〇円
仏教生命観からみたいのち	武田龍精編	三、六〇〇円
仏教福祉のこころ	新保　哲著	二、四〇〇円
仏教とターミナル・ケア	水谷幸正編	四、一七五円
仏教とビハーラ運動	田代俊孝著	二、六〇〇円
親鸞の生と死〈増補新版〉	田代俊孝著	四、三〇〇円
いのちに関する5つのレクチャー	仁愛大学 宗教教育研究センター編	一、八〇〇円
仏教社会福祉辞典	日本仏教社会福祉学会編	三、五〇〇円

価格は税別

法　藏　館